CB143525

Eduardo Aquino

Bem-vindo à Vida

SEXTANTE

Copyright © 2001, 2008 por Eduardo Andrade Aquino
Todos os direitos reservados. Nenhuma parte deste livro pode ser reproduzida sob quaisquer meios existentes sem autorização por escrito dos editores.

PREPARO DE ORIGINAIS: Tereza da Rocha
REVISÃO: Cristhiane Ruiz, Masé Sant'Anna e Sérgio Bellinello Soares
PROJETO GRÁFICO E DIAGRAMAÇÃO: Cacau Mendes | Cereja atelier gráfico
CAPA: Raul Fernandes
PRÉ-IMPRESSÃO: ô de casa
IMPRESSÃO E ACABAMENTO: Bartira Gráfica e Editora S/A

CIP-BRASIL. CATALOGAÇÃO-NA-FONTE.
SINDICATO NACIONAL DOS EDITORES DE LIVROS, RJ

A669b

Aquino, Eduardo
Bem-vindo à vida / Eduardo Aquino. – Rio de Janeiro: Sextante, 2008.

ISBN 978-85-7542-408-7

1. Motivação (Psicologia). 2. Comportamento humano. 3. Espiritualidade. I. Título.

CDD: 158.1
08-2177 CDU: 159.947.5

Todos os direitos reservados, no Brasil, por
GMT Editores Ltda.
Rua Voluntários da Pátria, 45 – Gr. 1.404 – Botafogo
22270-000 – Rio de Janeiro – RJ
Tel.: (21) 2286-9944 – Fax: (21) 2286-9244
E-mail: atendimento@esextante.com.br
www.sextante.com.br

Agradecimentos

A meu pai, Dilson Aquino (in memorian),
exemplo de desprendimento.

A minha mãe em especial,
Anna Maria Bandeira de Melo Aquino (in memorian),
minha maior amiga e fonte contínua de
energia, incentivo e acalento.

A meu avô, José Soares de Aquino (in memorian),
por ter me passado toda uma sabedoria do sertão mineiro,
única herança que permanece geração após geração.

A todos os meus ex-clientes e atuais amigos.

Aos meus filhos, Rafael, Alessandro, Marcella, Anna Clara,
Maria Eduarda e Bernardo, pelo prazer e a emoção
que só a paternidade nos lega e ensina.

A Luiz, Regina e família, Edson Cláudio e família,
Gilberto Rocha e família, "parentes de todas as horas".

Enfim, a todos aqueles que eu amo e que me amam.

Dedicatória

À minha musa inspiradora,
deusa grega que, um dia sonhada,
se materializou como dádiva
na minha caminhada existencial.

Companheira generosa, me deu as mãos
na travessia de noites e desertos, me conduzindo
a um jardim com fontes de águas inesgotáveis.

Guerreira, lutou ao meu lado quando
desafios e armadilhas precisaram ser transpostos,
me doando fé, confiança e carinho.

Eu te louvo em prosa e verso,
Juliana Azevedo Gottardi Aquino,
mais que uma esposa, um ser sagrado que
Deus colocou em minha vida, para me ensinar
o poder imensurável do amor verdadeiro –
aquele que nos conduz a um paraíso em vida,
rumo a uma eternidade de almas
que se fundem numa só luz!

EDUARDO AQUINO
Julho de 2008

SUMÁRIO

CAPÍTULO I

SENTEI-ME PESADAMENTE NA POLTRONA e olhei mais uma vez os exames. Ao meu lado, o livro de hematologia que não consultava desde que terminara a faculdade de medicina. Não havia dúvida alguma: leucemia aguda mieloblástica. Folheei o compêndio até ler o prognóstico e a descrição da evolução fatal dentro de meses ou, no máximo, de um a dois anos.

Fechei os olhos. Pensei nos meninos, na Débora, nos pacientes. Chorei em silêncio e, como num filme, revivi minha trajetória: a criança observadora, o adolescente responsável, tímido, idealista, que sonhava em ser médico e se vestir de branco, salvando vidas. O vestibular e a alegria da vitória compartilhada com a família. A namorada Cris, linda, paixão e motivação constante. Meu único irmão, Ricardo, e nossa viagem após o vestibular. A estrada, a chuva, o acidente. Eu dirigia atento, mas aquele caminhão desgovernado nos pegou numa colisão inevitável. Sobrevivi, mas a dor, a culpa e a angústia permaneceram em minha alma. Duvidei de Deus. Odiei a medicina e o desacerto da ciência em lidar com a morte. Eu estava na maca, politraumatizado, e um médico de branco, à minha frente, como se fosse uma miragem de Deus, "salvador de vidas", dizia secamente:

– Rodrigo?

– Sim?!

– Lamento informá-lo, mas seus dois acompanhantes não resistiram.

Naquele dia, pedi a morte a cada segundo. Nada mais fazia sentido para mim. Eu questionava: para que estudar medicina? Para que continuar vivendo? Só me restavam a culpa, a tristeza e a solidão.

Lembro-me da minha mãe, forte, amiga, dias e dias de mãos dadas comigo, naquele quarto de hospital, espaço de tragédias, dramas e milagres.

Eu vivia meu inferno interior, imobilizado, mortificado, escravo de pensamentos negativistas e autopunitivos. Estava mudo, inerte, sem alma e com o corpo estraçalhado e dolorido.

Lembro-me da minha descrença em Deus, da minha revolta para com a vida. Mas tive um sonho, naquela noite, que me marcou para sempre. Um sonho tão nítido, tão forte e revelador que só hoje, como neurocientista, posso entender: um sonho-realidade, janela para a alma, pela qual acessamos consciências periféricas, coexistindo com toda a nossa herança de vida e sabedoria. Na verdade, não são sonhos, são revelações.

O lugar era lindo, paradisíaco: uma mata com árvores altas margeando o caminho. Aquela névoa, a refração da luz do sol formando um arco-íris por entre as árvores e as frestas de um céu muito azul esgueirando-se por entre galhos e folhas. Caminhava em êxtase, quase levitando, envolto por uma paz absoluta e agradecendo a Deus por estar ali, quando fui atraído por uma luz azulada a distância. E então notei a presença de um senhor idoso, de aparência terna e doce, semelhante à imagem que fazemos de Deus. Barbas brancas, um sorriso no olhar, sentado numa pedra com o corpo levemente apoiado sobre um cajado, acenando-me num convite:

– Bem-vindo à vida, meu jovem! Respire o ar, deixe-se invadir pelas cores da natureza, mãe e amiga. Sinta o calor do sol, precioso e terno. Dance no ritmo do cosmos. Agradeça a Deus cada elemento que você carrega em seu corpo, vindo das mais longínquas partes do universo. Busque a água, os gases, os sais minerais e todos os elementos essenciais à vida da matéria. Saiba que a Terra, há milhões de anos, era carbono puro em rochas e a atmosfera era sulfurosa e insalubre. Os vulcões exalavam fogo e enxofre. Num meticuloso trabalho, Deus foi semeando nesse pequeno planeta, através de cometas e de estrelas, o oxigênio, o nitrogênio, o hidrogênio, toda essa poeira cósmica formadora da natureza. Com o ato divino, fomos privilegiados com o azul do céu, com a água fluida e líquida, com o verde das árvores e o sol que nos aquece e cria as cores e formas.

Guardo cada imagem e cada palavra daquele sonho:

– Meu jovem, se Deus nos ofertou a vida, vamos festejá-la, ela que é uma dádiva e um milagre. Vamos agradecer cada segundo e sorver o ar, o canto dos pássaros, a harmonia dos tons. Somos parte do universo e fração de Deus. Portanto, bem-vindo à vida!

Esse sonho me fez voltar à vida e mudar o rumo de minha existência. "Bem-vindo à vida" foram palavras que me reapresentaram Deus. Passei a compreender a vida como um milagre, redescobri as leis naturais, resgatei a simplicidade, a espontaneidade e a verdade na construção do meu universo.

....

– Bem-vindo à vida, meu jovem!
Respire o ar, deixe-se invadir pelas cores
da natureza, mãe e amiga.

....

Naquele dia, ao acordar no hospital, senti vibrar cada molécula, cada célula, cada parte do meu corpo. Olhei para minha mãe e exclamei:

– Mãe, quero viver!

Naquele quarto de hospital, em plena convalescença, renasci para a vida, em meio à tragédia da ausência da Cris, minha fada e meu grande amor, e de meu irmão, Ricardo. A morte deles seria a grande inspiração para a nova vida que ressuscitava em mim: eu me tornaria médico, mas, em vez da magia, dos sonhos de um adolescente sobre a "profissão que salva vidas", minha grande busca seria penetrar na essência de cada ser que eu encontrasse, curando a "dor da alma", a angústia que asfixia, a ansiedade que adoece, o medo que limita, a culpa que aprisiona, a insegurança que imobiliza. Seria médico para libertar a alma, deixando-a fluir e harmonizar-se com o cosmos.

A partir daquele dia, tudo mudou. Abracei a medicina, mesmo tendo consciência da ênfase desse saber no aspecto biológico, orgânico e mecanicista. Percebia o erro da especialização médica, os exageros da tecnologia e o cartesianismo a separar o inseparável: o corpo da alma, o cérebro da mente, a parte do todo.

Segui a trilha das neurociências, da psiquiatria e da psicoterapia. Estudei física quântica, a matemática do caos. Passei a lidar com depressões, fobias, com as doenças do sentimento, do pensamento e da ação. Acabei me transformando num "pedagogo da vida", dando palestras e cursos, promovendo debates sobre a vida e a morte, defendendo a eternidade, a existência do tempo não como conceito psicológico, mas como uma dimensão.

Comecei a trabalhar com doentes terminais, fazendo-os compreender que só estaria apto para a vida aquele que não temesse a morte, aquele que aprendesse a difícil lição do desapego. O temor das perdas impede a vida, dizia-lhes. Refletia sobre a transitoriedade e a efemeridade das coisas e das pessoas, mostrando que o que vale é a vibração diante do que acontece no momento presente, na dinâmica relação entre o interior de cada um e o mundo a seu redor. Tudo passa, a alegria, o sofrimento, as conquistas e as derrotas.

Vinte e três anos se passaram e agora eu me encontrava neste confuso e decadente fim do século XX, estatelado na poltrona, sendo informado de minha morte por exames que davam o veredicto final numa sentença irreversível. "Morte programada", pensei em voz alta. E pensei nas diversas vezes em que levei acalento, luz e paz de espírito a quem recebia o "aviso prévio" da morte. "Agora, chegou a minha vez", pensei, conformado.

Orei, agradecendo a Deus. Prometi a mim mesmo não ceder à autopiedade e aproveitar meus últimos momentos com dignidade, para complementar minha missão junto à família, aos amigos e aos pacientes. Sentia um enorme aperto no coração. A mente estava abarrotada de pensamentos. Paradoxalmente, surgia em mim uma vontade forte de executar projetos adiados, escrever, gravar, passar adiante minha vivência como médico, pesquisador e humanista.

Levantei-me com energia redobrada, o oposto de como me sentia nos últimos meses. Andava muito abatido, com gripes sucessivas, dores constantes e uma ligeira perda de peso. Somente agora eu tinha a explicação para tanto mal-estar: o terrível diagnóstico de leucemia aguda mieloblástica.

Olhei no relógio. Eram 2h da manhã. Decidi que, logo que amanhecesse, ligaria para o JR, apelido carinhoso do colega Júnior, e lhe daria a notícia. Eu sabia que o JR, no fundo de sua competência, academicismo e obsessividade, já esperava por um prognóstico nada animador. Quando o procurei, ele já revelara seu pessimismo:

– Rodrigo, a coisa é séria. Você deveria ter me procurado há meses! Você é muito relapso consigo mesmo.

– Sabe como é, JR. Estou ocupado com as palestras. Nós, médicos, somos na realidade péssimos pacientes.

– Não entendo você, Rodrigo. Vive afirmando que não há vida nem morte, que a eternidade existe e todas essas coisas que diz em suas palestras, mas, simplesmente, desconsiderou as gripes e as febres como possíveis sintomas de algo mais sério.

– Talvez por isso mesmo. Por não temer a morte, fui displicente com a vida. Mas do que você suspeita?

– Limite-se a fazer os exames com urgência. Não quero debater hipóteses neste momento.

O ar autoritário e grave de JR me levou a intuir o que os exames agora me revelavam: um mal irreversível.

Nessa madrugada não dormi. Ia e vinha pela varanda como se algo pudesse acontecer a qualquer instante. Lembrei-me de Ric, de minha mãe, de Cris, de meu avô e de todos os que já haviam partido. Acreditava, com toda a certeza, no reencontro das pessoas que, em vida, desenvolveram o afeto, a energia atrativa que liga seres de alma gêmea, levando-os a desfrutar juntos a eternidade. Esse sentimento me confortava e me fazia sentir leve. Mas quando pensava nos filhos, em Débora, nos amigos e nos pacientes, uma dor de saudade invadia meu peito e inundava meus olhos de lágrimas.

Fui ao quarto dos meninos. Os dois, na penumbra, mostravam calma. Nem de longe pareciam os adolescentes inquietos, curiosos e ansiosos por viver.

João Ricardo, com quase 13 anos, tinha o nome de meu irmão que morrera. Esse e outros fatos o transformaram em um grande amigo. Era doce, terno, afetivo, superligado a mim. Entre nós havia uma empatia que transcendia a relação pai e filho. Ele era especial. A família, os colegas de escola e os amigos percebiam que ele era uma pessoa de paz e de muita luz.

Wagner, prestes a completar 15 anos, era o oposto: agitado, meio indiferente, com atitudes imaturas, motivo de preocupação constante para mim e para Débora. Eu percebia nele uma tendência a atitudes de rebeldia e impulsividade. Chegamos a pensar, Débora e eu, em algum tipo de desvio de personalidade. Mantivemos sempre com ele um vínculo estreito, para ajudá-lo a encontrar seu limite e estimular um comportamento mais respeitoso e educado. Ultimamente ele vinha melhorando, o que nos encheu de alegria e esperança.

Caminhei até o quarto das meninas. Bruna, a mais velha, estava com 16 anos. Era de uma beleza e de uma maturidade impressionantes. Ótima aluna, bailarina ágil, companheira de todas as horas. Nossas conversas eram profundas e enriquecedoras, repletas de confidências, de opiniões sensatas diante dos problemas do dia-a-dia.

Sara, a caçula de 10 anos, era a sapeca da casa. Decidida, firme, sempre defendendo as próprias opiniões, se impunha diante dos mais velhos, pois seu temperamento forte não admitia injustiças nem pressão.

Voltei à varanda. O dia nascia e as cores iam dando forma à natureza. O momento era de magia, de pura poesia. Entreguei-me àquele instante na tentativa de me reenergizar e encarar os fatos. Precisava planejar minha conversa com Débora, com os meninos e os clientes, para lhes comunicar o que fora revelado: meu corpo entrara em retrocesso e, mês a mês, iria em direção à falência biológica. Entretanto, minha mente deveria evoluir, amadurecer, gerar pensamentos, afetos e ações, numa preparação para a transcendência, quando a matéria emitiria luz em direção à eternidade.

Esses pensamentos me motivaram e renovaram meu estado de espírito. Minha fé e meus conhecimentos como neurocientista me davam a convicção da eternidade. Olhei no relógio. Eram 5h43. Fui acordar Bruna:

– Filhinha, tá na hora!

– Ô, pai, só mais um pouquinho...

– Bruninha, são quase seis!

– Tá bom.

Meu Deus, como isso é bom, como faz falta! Quantas mil vezes repeti esse ritual, e hoje uma sensação indescritível me assaltou. Estava inquieto e sem lugar. Bruna logo percebeu:

– Ô, velho, teve insônia?

– É, filhinha, só agora vejo que você tem razão. É isso mesmo. Tô ficando velho, com insônia e de mau humor.

– Que nada, pai, você é um amor!

Retirei-me, para que as lágrimas não denunciassem minha fragilidade. Sim, tinha de reconhecer que estava frágil e com a sensibilidade à flor da pele.

CAPÍTULO 2

LIGUEI PARA JR LOGO CEDO.

– Rodrigo? Caiu da cama?

– JR, já li os exames que você pediu. Leucemia aguda mieloblástica.

Fez-se um silêncio pesado.

– Tem certeza?

– Meu amigo, sou médico, você se esqueceu?

– Passe aqui no consultório. É bom conversarmos.

JR estava engasgado.

– JR, eu ainda não sei como falar sobre isso com a turma. Gostaria que você me ajudasse, sem comentar nada com Débora. Ainda estou confuso.

– É claro, Rodrigo. Estou ao seu lado.

Desliguei o telefone. Pensei rápido e decidi inventar uma viagem, um convite de última hora para fazer uma palestra no Espírito Santo. Como sempre, Débora reagiu:

– Que estranho! Uma palestra da noite para o dia? Qual é o tema?

– O meu favorito: vida e morte, uma nova abordagem para doentes terminais.

Sorri de forma incômoda, embora esse fosse realmente um dos meus temas prediletos. Ultimamente vinha ministrando palestras nessa área. Minhas palavras adquiriam, diante de meus próprios olhos, certa ironia e autopiedade.

– Vai ver, é só pra estudantes deslumbradas. Sei que Vitória não é fácil, é cheia de menina bonita.

– Debinha, a última coisa que me importa neste momento é capixaba bonita!

– Puxa vida, que bicho mordeu você?

Antes que me impacientasse, fui ao quarto e arrumei rapidamente minha maleta. Telefonei para o aeroporto e consegui fazer uma reserva no vôo do meio-dia para Vitória. Nesse momento, os meninos entraram no quarto:

– Oi, pai, bênção – disseram eles.

– Deus os abençoe.

Senti um novo aperto no peito. Fui correndo para a varanda, com lágrimas já rolando. João Ricardo me seguiu e me abraçou.

– Paiê, o que houve? Por que o senhor está chorando?

– Nada, meu filho. Lembranças da vovó, saudades dela, do tio Ric, sei lá.

– Pai, me dá a mão. Manhêêê!

Chorei convulsivamente no ombro de meu filho. Débora chegou, toda esbaforida.

– Nossa! Pensei que alguém tivesse se machucado!

– É coisa aqui de dentro, já falei para o João Ricardo.

Todos ficaram ali à minha volta.

– Papai está cansado, não dormiu direito e lembrou-se da vovó e do tio Ric.

Na verdade, o filme que se repetia em minha mente era o da Cris, do acidente, da minha trajetória tão difícil e bonita. Estava só. A solidão existencial, pela segunda vez, colocara-me na solitária, negando-me luz e movimento, trazendo-me o medo, o pânico, a impotência. A morte, tão companheira da vida, os dois lados da mesma moeda. "Não há vida nem morte. Não há início nem fim. Existe, sim, eternidade. O tempo é uma criação psicológica do homem." Quantas vezes pesquisei sobre isso! Tantos rincões foram visitados em palestras e debates! Quantos doentes terminais ajudei a se livrarem do apego patológico pela vida! E Deus agora fez das suas. No auge de minha vida, vibrante, bem-intencionado, buscando a maturidade e a sabedoria, vem Ele e me dá um cartão vermelho. Fim da linha. Ou início?

CAPÍTULO 3

A ORAÇÃO DE SÃO FRANCISCO ME ILUMINOU: "E é morrendo que se vive para a vida eterna." Durante algum tempo fiquei quieto e pensativo. Mas logo a "enxurrada" mental me despertou. Era necessário agir rápido, com maturidade, poupar energia e reinvesti-la. Precisava, primeiro, de um lugar tranqüilo para esfriar a cabeça. O ideal seria João Pessoa, uma cidade com um astral fantástico da qual eu tinha tão boas lembranças. Mas era longe, e a viagem, cansativa.

Meaípe. Minha Meaípe. Era para lá que eu iria. Meaípe, último desejo da Cris, seria minha inspiração.

A decisão da viagem me deu ânimo novo. Escutei os meninos saindo e, um segundo depois, Débora entrando no quarto.

– Para quem você ligou tão cedo?

Aquele jeito sempre desconfiado e inseguro ora me divertia, ora me irritava.

– Débora, sossega. Liguei para o JR para falar dos exames que ficaram prontos.

– Rô, alguma coisa grave?

Senti que cometera um deslize e tentei corrigir. Mas ela logo emendou:

– Não te falei? Sempre cuidando de todo mundo e nunca de você. Essas gripes esquisitas e essa perda de peso... É por isso que...

– Debinha, não fique aflita. Sei que preciso me cuidar. Essa viagem me fará bem.

....

A oração de São Francisco me iluminou:
"E é morrendo que se vive para a vida eterna."

....

– Esquisita essa viagem...

Respirei fundo. Débora era forte, companheira, mas seu jeito autoritário e obsessivo às vezes me impacientava. Ciumenta, possessiva e organizada. Sempre sem tempo e nervosa. Tinha melhorado muito ao longo dos anos, mas era o meu oposto. Apegada, escrava das obrigações e dos deveres. Boa mãe e dona-de-casa, embora muito burocrática e atenta a pequenos detalhes. Avessa a imprevistos. Sempre reclamando, suspirando, gemendo e sofrendo antecipadamente. Ainda assim, eu a escolhera e era a única com quem me casaria – depois da Cris. Uma mulher bonita, atraente, conservada e com um sentido de família incomum. Eu a admirava.

CAPÍTULO 4

– ESTOU DEPRIMIDO, RODRIGO. Você é meu ídolo, meu irmão, meu amigo, sei lá.

– Que é isso, JR. Tô estranhando você!

Senti sinceridade em seu olhar umedecido. Raramente via emoção atrás daqueles óculos. José Ladislau Moura Júnior, ou JR, como gostava de chamá-lo. Medalha de Prata da Turma de Medicina de 1977. Técnico em medicina, um verdadeiro computadorzinho de diagnóstico, sinais e sintomas, bem ali na minha frente, derramando lágrimas!

– Amigão, eu dou um jeito. Você me conhece. Não há vida nem morte.

– Rodrigo, deixe isso para seus cursos e suas palestras. Aqui está a realidade concreta. É preciso iniciar o tratamento.

– Expectativa de vida?

– Você sabe muito bem!

– JR, para que tanta mão-de-obra? Vamos simplificar as coisas.

– Tá doido? É meu dever...

– JR, me escute: não quero quantidade de vida. Quero é qualidade. Estou preparado, mas ainda preciso ajeitar algumas coisas, encaminhar a turma, os pacientes.

– E Débora?

– Quero pensar um pouco antes de falar com ela. Agora, vou me despedir de Meaípe, do mar que tanto amo. Preciso de um tempo comigo mesmo, você entende.

Apertamos as mãos e choramos juntos durante algum tempo. Foi bonito! Saí mais leve, mais aliviado, sem nada para dizer. Então voltei subitamente. Ocorreu-me a idéia de que nossa despedida poderia ter um gosto diferente de um adeus.

– JR, tenho duas horas antes do vôo. Vamos tomar um vinho?

– Só mesmo você, Rodrigo, para tomar vinho às nove da manhã! E o hospital? Preciso fazer a corrida de leitos com os residentes...

– Não vamos demorar, JR. Daqui a pouco você estará de volta aos leitos, pacientes, residentes, sei lá mais o quê. Estou morrendo, vou lhe pagar um vinho alemão. Não é todo dia que isso acontece.

– Você não tem jeito mesmo!

Seguimos juntos no carro. Eu ia conversando, até feliz. JR estava cabisbaixo, quase mudo. Fomos a um restaurante 24 horas, vazio e tranqüilo. Tentei puxar conversa sobre Carol, sua esposa, mas o JR parece uma pedra, de tão discreto. Ficamos calados por algum tempo, até que comecei a falar. As palavras iam saindo meio sem controle, como que emergindo do fundo da alma, independentes de minha vontade ou domínio, mas de forma profunda e espontânea.

– Sabe, Júnior, uma das poucas coisas que lamento é não ter escrito um testamento da minha atividade médica. Como você sabe, estou tremendamente insatisfeito com a medicina e, pior, desencantado. Nós, médicos, somos cada vez mais técnicos, "modernosos" e pretensiosos, dissecando partes da anatomia humana: coração, fígado, pâncreas, estômago, etc. A complexidade é cada vez maior e, quanto mais investigamos, mais a coisa se mostra infinita. E ficamos tentando delimitar e dominar o infinito micro e macroscópico do ser humano. Estamos chegando a um labirinto sem fim. Sistemas, células, moléculas, átomos, especialistas com especialidades dentro de especialidades. De que vale tudo isso? De tanto investigar o coração, o cardiologista nem nota que a dor no peito do paciente não é angina ou enfarto. É dor de tristeza, de angústia, de alma. Só que, atento e preso aos sintomas e sinais, ele é incapaz de perguntar: "Você está feliz? Faz o que gosta? Tem sonhado? Tem amado? Tem tido tempo para observar a vida, os filhos, os amigos?" A ciência é meio, é instrumento, mas continuaremos sem rumo enquanto a medicina não reconhecer que, na balança do diagnóstico, a alma também pesa. O homem é a medida de todas as coisas. Ele é a consciência do mundo, porque tem alma, sentimento. É aí que está a chave do mistério.

JR me ouvia com interesse. Parecia me ouvir também com os olhos. Dessa vez, alguma coisa especial estava se passando com meu amigo. JR nem piscava. Acompanhava minha fala de olhos arregalados, com interesse e atenção.

– É, JR, preciso descansar. Acabei virando um médico meio esquisito que, em vez de diagnosticar cefaléias, labirintites, gastrites, colites e outros "ites", usa termos estranhos como desvitalização, desenergização, insatisfação com a vida. O certo é que vejo os seres humanos como um todo: cérebro e mente, corpo e alma. Entendi que a maior das doenças é o "pensar errado". Essa nossa educação cartesiana, que separou a matéria da energia, o físico do psíquico, o ter do ser, o corpo da alma, perdeu o sentido da vida. Quanto mais pacientes atendo, mais e mais vejo o ser humano prisioneiro da modernidade. O conforto, a tecnologia, o excesso de informação, o apego às coisas materiais, a competição, a esperteza, a falta de tempo, o tempo corrido e por correr, tudo isso tem massacrado o homem. O individualismo, a desconfiança... meu Deus! Eis a verdadeira doença: a insatisfação, a ênfase na matéria, na parte, em detrimento das relações, do todo, da sabedoria, da observação do mundo, da presença contínua desse Deus maior, energia total que nos transforma e transforma o mundo. O universo mudando a cada instante. JR, a vida é uma dádiva! E nós transformamos essa dádiva em tormento, em fastio, em um peso a ser arrastado até o fim. Quantas vezes a morte não é por nós desejada e até antecipada? Não estamos sabendo viver. Perdemos o rumo. Todos nós, pacientes e médicos!

Interrompi minha fala e olhei para JR.

– Será que estou bêbado? – brinquei. – Vai ver, o vinho alemão é falsificado.

– Rodrigo, continue. Estou bebendo suas palavras e não o vinho. Por favor, me reapresente à vida, pois sou exatamente esse cartesiano a que você se referiu: apegado, escravo das obrigações, sem tempo, sofrendo por antecipação. Cético, sem religiosidade. Técnico em medicina, envolvido no jogo de vaidades do mundo acadêmico, seduzido por meus alunos e residentes, querendo produzir mais e mais trabalhos científicos, almejando ser titular e Ph.D. Vivo dando diagnósticos difíceis e usando abusivamente a tecnologia disponível. Rodrigo, eu confesso: nunca perguntei a um único paciente se ele estava feliz. Você falava, mas eu não escutava. Nunca entendi essa "dor na alma" e, para mim, dor no peito só pode ser angina ou infarto, até que se prove o contrário. E, quando os exames não apresentam alterações – e afirmo que 80% dos resultados são normais –, lavo minhas mãos e digo que deve ser estresse, que é psicológico. Sugiro que a pessoa procure um psicólogo ou terapeuta. Rodrigo, me fale dessa sua medicina!

Fiquei parado durante uns minutos. Eu não esperava essa reação de JR. Experimentei um misto de surpresa e admiração por aquela autocrítica. Meu amigo comportado, quem diria? "Há esperança", pensei.

– Rodrigo, por que você não escreve um ensaio falando de sua experiência médica à luz desse enfoque humanístico? Seria matéria para ser discutida por médicos, estudantes e até mesmo leigos. Faça, mas faça rápido!

– Não enrole... – interrompi, meio sem graça, e completei: – Senão acabo batendo as botas antes do tempo. JR, você precisa aprender a falar sobre a morte com a mesma naturalidade com que fala sobre a vida. As coisas são simples, nós é que as complicamos. Há uma frase num romance de Isabel Allende que diz mais ou menos assim, numa passagem em que a mãe aparece para a filha, à beira do desespero, querendo morrer: "Filha, não peça a morte, pois ela inevitavelmente virá. Morrer é tão natural quanto nascer. Mas lute pela vida, pois é em vida que se operam todos os milagres." JR, a vida é o começo dos milagres.

Prossegui em meus devaneios, tão verdadeiros para mim já há algum tempo.

"Lute pela vida, pois é em vida que se operam todos os milagres."

– Veja bem o milagre da vida. Uma única célula, o espermatozóide, se encontra com a outra célula, o óvulo. E nós sabemos que essas células microscópicas nada mais são do que átomos, vindos da poeira cósmica e semeados na Terra, onde foram se acumulando. Os átomos se associaram e se tornaram moléculas. Estas se constituíram em aminoácidos, estes em proteínas, estas em células. As células se agrupam em sistemas, os sistemas em órgãos, os órgãos em seres. Os seres em espécies, as espécies em famílias, as famílias em grupos. Os grupos em sociedades, as sociedades em nações, as nações em continentes. Os continentes em mundos, os mundos em galáxias, as galáxias no universo. Deus! Tem que haver uma energia maior que compõe neste instante o raciocínio micro e macro, e tudo regido pelas mesmas leis, pela mesma lógica: Deus!

Quando me dei conta do que falava, parei um instante, para tomar um pouco de vinho e fôlego. Mas eu não terminara ainda.

– JR, eu nunca fui médico. Ou melhor, ao deixar de ser o médico cartesiano é que passei a ser um médico de verdade. Meio poeta, meio rebelde, sempre insatisfeito e questionador. Não há lugar para mim nas faculdades, nas associações e sociedades médicas. Sou muito estranho. Meu instrumento de trabalho deixou de ser o conhecimento clássico, as anatomias e semiologias da vida. Minha formação médica se expandiu com a observação, com a física quântica, com a matemática do caos, com a religiosidade, com a ciência ao lado da fé ecumênica e respeitosa. Relacionei e fundi filosofia com psicologia, ecologia com antropologia. Fiz tudo isso em busca da essência, da energia maior, da alma que, em vida, se enraíza no cérebro e se confunde com ele. Procurei a simbologia do coração e do sentimento. Os preconceitos e mitos. Tudo está ligado a tudo.

Nessa hora, JR interrompeu:

– Escuta, Rodrigo, aonde você foi buscar tudo isso? Onde encontrou tempo?

– JR, é erro nosso nos viciarmos na informação pasteurizada da informática e ser "rato de biblioteca médica". A vida está aqui fora e aprendi com meu avô que a sabedoria não se acha em livros, e sim na arte da observação de cada detalhe da existência.

– Seu Zé era um sábio, sem dúvida, Rodrigo.

– Bom, retomando o fio da meada, caro JR, entendi o que é ser dual; afinal, somos a transmutação contínua de matéria e energia. A partícula é a essência da matéria, e a onda, a resultante da transformação das partículas em energia; tudo depende de que lado está o observador. São condições de uma mesma coisa em constante metamorfose. Neste momento, por exemplo, nossos cérebros estão mudando sem parar, transformando moléculas químicas – os neurotransmissores –, operando uma troca de íons, sódio, potássio, cloro, etc., produzindo correntes eletromagnéticas numa energia do pensamento. Isso é fantástico! Nossos pensamentos e lógica, produtos de partículas, funcionando numa onda de energia com rapidez semelhante à velocidade da luz! Ufa! O vinho subiu!

JR estava perplexo.

– Rodrigo, a sua doença não é justa. Não consigo projetar sua ausência, apesar de todo esse discurso lindo.

Respirei fundo, tomei um gole de vinho. A bebida já descia queimando a garganta. Afinal, eu nunca fui de beber. Continuei com toda a sinceridade e naturalidade que, aliás, pareciam ser, desde então, minha especialidade.

– Estou pronto. A vida é uma dádiva e só encontro motivos para festejá-la. Creio na eternidade, na relatividade do tempo, no pensamento como energia que nunca se perde. Como dizia Lavoisier: "Na natureza, nada se cria, nada se perde, tudo se transforma." Não é mesmo?

JR nem respondia. Não precisava responder. E eu continuava meu depoimento como se fosse meu testamento. Pelo menos nesta vida.

– A vida é um sopro, essa energia que se materializa no encontro do espermatozóide com o óvulo, que se multiplica transformando o micro em macro, e nove meses depois nasce um ser. Trinta ou quarenta anos depois, esse ser estará transformando o mundo com seu talento, por meio da arte, da ciência, da agricultura, da política... Estará inexoravelmente ligado a tudo o que o antecedeu e a tudo o que o sucederá. O tempo é uma dimensão e não um simples conceito.

Pensando nos conceitos e preconceitos que nos tornam verdadeiros fantoches, completei meu desabafo:

– Conceitos e preconceitos regem nossa vida como uma orquestra sem maestro, tocando desafinado. Por preconceito, o ansioso vive um futuro antecipado que não existe e faz do presente um dissabor. Já o deprimido, por falta de energia, é refém do passado, das culpas e angústias que o torturam e contaminam seu presente. Ah, JR, que vontade de ter disseminado ainda mais a saúde como sinônimo de luz, cor e calor! A saúde começa com a libertação de todos os preconceitos religiosos, culturais, sociais e políticos. Mas só se fala em doença física e psíquica! Vive-se com cada vez mais conforto e menos saúde física e mental.

– Mas, Rodrigo, isso é um fato, a medicina avançou muito, em matéria de exames e informações.

– É quase lamentável que, embora com tanto conforto e sofisticação, estejamos fazendo as pessoas viverem mais. Estariam elas vivendo melhor, sendo mais felizes?

– Mas isso não é uma questão médica. É coisa para a política, a psicologia, a economia, sei lá.

– Meu caro mecânico da máquina de engrenagens do corpo, pense bem se saúde não é equilíbrio, prazer! Também somos responsáveis. Ou será que todo profissional vai passar a bola pra frente? Diagnósticos, síndromes, tudo muito moderno e avançado. Mas alguém pergunta se vivo melhor, se desfruto a vida, de fato, ou se simplesmente sobrevivo com a missão de perpetuar a espécie? JR, lamento decepcioná-lo, mas somos um bando de médicos imaturos, vaidosos, onipotentes, achando que salvamos vidas e acreditando que exercermos uma profissão humanitária. Sem o verdadeiro sentido da vida, a maioria dos médicos tenta conquistar o mercado de trabalho: operando pacientes desnecessariamente, tratando o inexistente, aliviando sintomas que, no fundo, são sinais de frustrações e insatisfações alarmantes, sem perceber que se trata da "revolta do corpo" se manifestando através da dor, da azia, da enxaqueca, do coração disparado, da diarréia, da labirintite, etc. E, assim, vamos "anestesiando" nossa solidão, nossas carências, nossa ignorância, nossa falta de fé. Os últimos 30 anos têm sido o auge e o declínio da civilização moderna. Somos órfãos de nós mesmos: deixamos o romantismo de lado, não temos tempo para nos relacionarmos. Paramos de sonhar, de ousar e refletir. Pior: estamos sem tempo para observar o universo que nos rodeia, deixando de ser sábios e, portanto, serenos.

Baixou o silêncio e ficamos ainda por um tempo imóveis e pensativos.

– Vamos, JR, a aula de filosofia acabou. Tenho que viajar daqui a pouco.

– Não comece...

E, resmungando, pagou a conta.

– Não acredito! É milagre! Já posso morrer! JR pagando a conta, isso é demais!

Então nos abraçamos fraternalmente e nos despedimos.

– Rodrigo, tome cuidado e me procure na volta. Precisamos planejar as coisas.

– O.k., doutor. Vejo você na próxima... vida. Nesta, ainda volto para puxar o seu pé.

– Rodrigo, tô falando sério.

– Tá bom, filho. Um abraço.

– Esse cara!

E JR deu um de seus raros sorrisos.

CAPÍTULO 5

Já no avião, percebi que vivia intensamente cada minuto. Que bom se fôssemos suficientemente amadurecidos para valorizar cada detalhe da vida e vivê-la de forma plena. Que alto preço temos pago por nossa miopia existencial! Usamos viseiras que nos impedem a tomada de consciência, a percepção dos incessantes estímulos que fazem da vida um movimento constante, construindo o caminho que nos conduz a Deus. Quantas sensações nos são oferecidas, a cada segundo, por nossos órgãos dos sentidos, mas quão raramente vemos, ouvimos, tocamos, cheiramos e degustamos. Andamos tão sem tempo que acabamos anestesiados diante da emoção de viver.

Por um segundo cheguei a pensar que, se todos nós pudéssemos experimentar a proximidade da morte, talvez houvesse uma revisão dos conceitos da vida. Nossas mesquinharias cederiam lugar a uma visão mais humanitária e universal e haveria o resgate da simplicidade, do respeito, da verdade e do talento.

Pela janela do avião percebi que estávamos decolando. Belo Horizonte inteira aparecia na moldura de minha janela. Olhei as montanhas, o céu azul, sem nuvens, as construções ladeando os morros. Respirei fundo e desejei que essa "visão do alto" fosse possível na eternidade. De cima, o azul é contagiante e o silêncio exalta a paz.

Cochilei, embalado pelo vinho e pela noite que passara em claro. Eu me sentia bem, embora sonolento. A aeromoça me acordou com aquele jeito mais burocrático do que simpático:

– O lanche, senhor.

– Muito obrigado, senhora – devolvi no mesmo tom, e ela, tomada de surpresa, enrubesceu e, com mais naturalidade, se desculpou:

– Sinto muito se o acordei...

– Eu agradeço. Atualmente, dormir é não viver.

Ela me olhou sem entender e voltou aos clichês:

– Disponha, senhor.

– Sem dúvida, senhora.

Ela sorriu mostrando simpáticas covinhas e dessa vez pareceu perceber o ridículo de tanta "simpatia" treinada e totalmente impessoal.

....

Pela janela do avião percebi que
estávamos decolando. Belo Horizonte inteira
aparecia na moldura de minha janela.

....

Enquanto tomava o suco, também artificial, e comia o sanduíche que a gente nunca sabe se é de frango, peru ou peixe, me veio a preocupação: como falar da minha doença para Débora e os meninos, sem provocar choques, e depois para os meus clientes? Tudo deveria ser feito da forma mais natural e, ao mesmo tempo, evitando o clima de "velório antecipado". Eu teria de me guiar com sabedoria, no meio da pena e do desespero. Teria de criar opções para os meus clientes e fazer da transição um aprendizado. Encaminhá-los a pessoas que se identificassem com minha filosofia de trabalho, dando continuidade à vida.

E Débora? Com certeza eu iria incentivá-la a exercer um trabalho que a gratificasse e que também fosse uma alternativa de sobrevivência, já que o curso de sociologia significou mais a realização de um desejo do que uma busca profissional. Ser mãe e dona de casa foi uma opção que, ultimamente, não a completava, pois os meninos já estavam independentes. E os meninos? Essa parte era a mais complicada. Respirei fundo e senti um aperto no peito. Os meninos... Cada um deles um universo à parte, com temperamentos distintos, idades diferentes e uma visão particular do mundo. Em nosso convívio, eu sempre procurava firmar novos conceitos, arbitrar as diferenças.

Buscava respeitar, acima de tudo, as individualidades. Ainda assim, não me sentia capaz de prever suas reações. Tinha de aproveitar esse resto de vida para lhes oferecer minha maior herança: anos e anos de pesquisa, de trabalho, buscando compreender e desvendar a percepção maior da existência. Tinha de lhes deixar minha visão do mundo, do universo que nos rodeia e do universo que é nosso interior. Eu me perguntava o tempo todo: como registrar a mais valiosa de minhas aquisições, o Testamento da Vida?

– Senhor, o cinto, por favor!

Ai, ai, ai! Eu viajando pelo cosmos e a aeromoça me trazendo à Terra.

– Desculpe-me incomodá-lo. Vejo que o senhor está sonhando acordado.

Sonhar não era a palavra mais adequada, mas tudo bem.

Olhei aquele rosto bonito e, dessa vez, me deparei com uma expressão bem mais humana e sincera.

– Obrigado pela atenção. É bom saber que existe uma pessoa sensível dentro dessa competente aeromoça. E juro que não é "cantada".

Ela sorriu de forma sincera e compreensiva.

CAPÍTULO 6

DESEMBARQUEI RAPIDAMENTE EM VITÓRIA e aluguei um carro para ter mais liberdade. A tarde estava quente. O tempo, bonito. Eu estava em paz. Sentia harmonia interior e uma sintonia com tudo o que me rodeava.

Peguei a Rodovia do Sol. Dirigia sem pressa, observando cada detalhe. Liguei o rádio, distraído. O futuro de Débora surgiu em meu pensamento. Poderia trabalhar com decoração, imaginei. Tinha gosto apurado e talento nato. Teria de se associar a alguém mais empreendedor e mais comercial. Ela era muito consumista e deveria rever isso de agora em diante. Os seguros de vida que eu tinha dariam um bom prêmio, mas pediria a um de seus irmãos que a orientasse. Daria a ela uma dica para se casar novamente. Parece estranho, mas é verdadeiro. Débora é uma pessoa que "depende" de um companheiro, precisa ter alguém como referência. É o tipo de pessoa que só se completa a partir do outro. Nasceu para viver acasalada. Sempre fez – e faz – questão da família reunida e unida. Odeia ficar só, adora movimento e é inquieta. Ao contrário de mim, que adoro momentos de quietude e solidão, instantes em que penso, sonho e crio. Às vezes brinco com ela:

– Debinha, se eu ficar viúvo, não caso mais. Fico sozinho, cuido dos meninos e saio por este mundo de Deus a desbravar e colecionar amigos.

– Amigas, né? – retruca sempre.

– Que nada! Você sabe que sou apaixonado pela vida, pela história das pessoas. Lógico que me apaixono por certos enredos, mas é paixão platônica.

– Sei! Acha que sou boba? Tô de olho, seu Platão de meia-tigela!

Débora é assim. Sempre de pé atrás, cheia de ameaças veladas, pois no fundo é insegura. A desconfiança é sinônimo de tensão constante, de estado de alerta. Ela não perde uma oportunidade e logo revida:

– Pois anote aí. Se eu ficar viúva primeiro, caso no dia seguinte!

– Eu sei disso, mas não se esqueça de minhas palavras: se escolher errado, a prisão é perpétua. Afinal, Rodrigo Baxkim é um só! – digo em tom de desafio e provocação, sabendo a resposta.

– Você que não fique esperto pra ver!

Eu tinha certeza de que ela deveria se casar de novo. No momento adequado, iria conversar seriamente com ela, e também sobre a melhor maneira de preparar os meninos. Compreendia, cada vez mais, as distintas necessidades humanas e suas diversidades. Acima de tudo, eu descobrira a importância do respeito a mim mesmo e ao próximo.

Meus pensamentos foram interrompidos pela placa: "Setiba à direita".

CAPÍTULO 7

Percorri a estradinha para Setiba. Automaticamente, voltei à infância. Lembrei-me de momentos gostosos passados ali e pensei, em especial, em minha mãe. Ela adorava o mar e sonhava em ter uma casa nesse lugar. Sua última visita a esse mar tinha sido quatro anos atrás. Foi nossa última viagem antes de ela ter um acidente vascular cerebral e morrer três dias depois.

Hoje, as ruas estavam desertas. Parei o carro debaixo das casuarinas. Observei o mar, a praia, a ilhazinha de pedra. Como o mar me inspirava! À minha mãe também! Lembrei-me de sua bondade, seu magnetismo, seu talento para a comunicação e sua entrega aos semelhantes. Foi ela, com sua inteligência e sua formação intelectual, que me despertou para as nuances da vida. Sim, a vida é cheia de nuances. Dona Mariana me acompanhava, seguia minha trajetória pessoal e profissional e sempre tinha um conselho que me enriquecia. Sinto e sei que haverá um reencontro, pois o afeto é força e energia atrativa. Minha passagem por Setiba, a caminho para Meaípe, foi como um telegrama que lhe enviei:

"Dona Mariana: estou indo a seu encontro, cruzando os ares e mares até descobrir que não há distância que nos separe, apenas a ilusão do tempo e do espaço. Estivemos sempre lado a lado, embora a sintonia tenha mudado, devendo harmonizar-se novamente. Aguarde-me em breve. Sigo firme, rumo à eternidade. Do seu, sempre, Rodrigo."

Ri de minhas fantasias. No fundo, era um desejo, quase uma certeza: o reencontro com energias afins. Com minha mãe, em especial.

....

Queria desligar-me de tudo, parar de pensar.
Dois dias atrás um furacão virara minha vida
de pernas para o ar. Caí na rede e apaguei.

....

Voltei à estrada e contornei Guarapari. Para mim, apenas um lugar de passagem, um ensaio para se chegar a Meaípe. Em minha visão, eram dois mundos totalmente diversos.

Segui em frente. Minutos depois chegava à pousada. Já me conheciam e, por ser o único hóspede, pude escolher um quarto com vista para o mar.

Telefonei para Débora.

– Oi, Debinha! Tudo bem?

– Em que hotel você está?

– Na verdade, preferi me hospedar em Meaípe, pois.

– Meaípe? Mas você...

– Débora, escolhi esse lugar porque é calmo e bonito. Qualquer coisa, estou na pousada. Um beijo.

– Essa história está muito esquisita, hein, Rô?

– Escute, dê um beijão nas crianças. Preciso descansar agora. Um beijo.

Coloquei o telefone no gancho.

Queria desligar-me de tudo, parar de pensar. Dois dias atrás um furacão virara minha vida de pernas para o ar.

Caí na rede e apaguei.

CAPÍTULO 8

Só ACORDEI ÀS 4H DA MANHÃ. Foram quase 12 horas de sono. Estava com o corpo moído e a cabeça estourando de dor. A verdade é que havia meses vinha sentindo um cansaço enorme. Tinha pouca resistência, me gripava à toa. O desânimo tomava conta de mim. Muitas vezes eram as caminhadas ou a natação que me ajudavam a recuperar o fôlego.

Fiquei esperando o sol nascer. Empolguei-me com tanta beleza. Recuperei o ânimo diante do espetáculo de cores e formas. Uma dádiva que agradeci a Deus.

Às 5h30 saí para fazer uma caminhada. Pensei até em nadar um pouco. Andei por um bom tempo e parei numa das prainhas, a minha favorita. Era pequena e calma. Era lá que eu ia nadar. Sentado numa pedra, fiquei com o pensamento longe, no embalo de um barco de pescadores, que parecia mais próximo da linha do horizonte do que de mim. Nessa toada, no balanço das ondas, nem percebi a aproximação de um senhor idoso, que me trouxe à realidade com um cumprimento efusivo.

– Tá com medo da água, meu jovem?

Olhei rápido e vi que ele estava se preparando para entrar no mar. Usava óculos de natação. O sotaque carregado denunciava sua origem estrangeira. Os olhos muito azuis também. Era calvo e tinha um porte atlético para sua idade, que presumi estar entre 60 e 65 anos, não mais do que isso.

– Ao contrário. Se tem uma coisa que me harmoniza é a água. Estou recuperando o fôlego, pois estou meio fora de forma.

– Então, deixa eu começar que você se anima.

De modo ágil, mergulhou e já saiu nadando em grande estilo, de maneira pausada, como quem sabe aonde quer chegar, mas não tem pressa.

Fiquei observando aquele homem. Tive a sensação de que era uma pessoa vivida, madura, tranqüila. Devagar e sempre, coordenando cada movimento como se fosse uma dança, um balé, ele nadou de ponta a ponta da praia. Terminou os exercícios de relaxamento já a meu lado.

– O senhor nada todos os dias? – puxei conversa dessa vez. Ele me olhou firme, bem nos olhos, e disse:

– Meu jovem, faço esse exercício há mais de 40 anos, e devo a ele parte da minha longa caminhada de 74 viagens em torno do Sol.

– Parabéns. Não pensei que tivesse mais de 60 anos. Pelo visto, é bom viajante.

– Sem dúvida. Os caminhos que percorremos são os mesmos: os dias, as horas, as estações do ano, os meses, os anos. Tudo gira, circula, vai e vem, se expande e se contrai, repetindo-se sempre. Mas o segredo e a beleza do caminho estão em perceber cada ciclo trazendo novos estímulos, novas percepções, novos ângulos. Eu, embora repita os mesmos caminhos, estou num processo contínuo de transformação. Tudo o que está à minha volta vai se transformando também. Completei 74 vezes a órbita em torno do Sol e lhe digo que, a cada vez, o mundo e eu sempre nos encontramos diferentes. Sou testemunha de vitórias e fracassos, euforias e depressões, safras boas e ruins, construção e destruição. O universo em constante metamorfose, movimento inexorável no aprimoramento da vida.

Senti que aquele encontro era mais do que um mero acaso, era mais representativo do que poderia supor. Intuí que esse senhor queria conversar e era um daqueles sábios solitários que gostam de multiplicar sabedoria por meio de uma boa conversa.

– Meu senhor, acaba de ganhar mais um amigo. Rodrigo Baxkim.

– Rudolf Strauss, austríaco, aposentado, brasileiro por adoção e nadador por convicção.

....

De modo ágil, mergulhou e
já saiu nadando em grande estilo.

....

– Qual era sua atividade profissional, senhor Rudolf? – perguntei curioso diante de tanta sabedoria.

– Pode me chamar de Rudy; é como me conhecem por aqui. Sou engenheiro mecânico e trabalhei como alto executivo numa empresa alemã de máquinas pesadas, em São Paulo. Há cinco anos me estabeleci em Meaípe. E você, Rodrigo?

– Médico, neurocientista ou, simplesmente, psicoterapeuta e psiquiatra... me despedindo da vida.

Arrependi-me da última parte, mas já era tarde.

– Como assim?

Embora com certo receio, e até mesmo cansaço, senti uma enorme vontade de partilhar com aquele senhor desconhecido o drama de minha vida.

– Sabe, Rudy, a verdade é que vim a Meaípe para reorganizar minhas idéias. Ontem fiquei sabendo que sofro de leucemia, de um tipo muito grave. Meaípe tem um certo encanto e magia, e aqui estou para me recompor e completar minha jornada. Por mim, tudo bem. O problema é que tenho de dividir tudo isso com minha esposa, quatro filhos, alguns milhares de pacientes e amigos com quem tive o privilégio de me relacionar nessas minhas 41 viagens em torno do Sol.

Rudolf me olhou de forma penetrante, firme, mas espontânea:

– Quais são seus conceitos de vida e morte?

– Meu amigo, pelo menos nos últimos 22 anos, esse tem sido meu *métier*. Perdas, culpas, remorsos. Viver, morrer, entristecer, deprimir-se, ressurgir. Não tenho feito outra coisa senão pesquisar e tentar compreender a vida e sua essência, a alma! De forma trágica e sofrida, experimentei perdas precoces. Daí por diante, toda a minha vida profissional se desenvolveu no sentido de decifrar a vida e a morte. Viver e morrer, visões parciais de uma única realidade. De um lado, as partículas formando a matéria. De outro, a energia transmutada em ondas. Para mim, não há vida nem morte, começo nem fim, apenas conceitos, preconceitos e ilusão. Em vida, somos prisioneiros do tempo e do espaço, e alimentamos um apego à matéria que nos adoece e nos faz sofrer.

– É... o apego é o ter sem nunca usufruir, tamanho é o temor da perda – interrompeu Rudy. – Para vibrar com o momento, só exercendo o amor desapegado, sem posse, ciúme, temor, raiva ou desconfiança.

– Essa tem sido minha trajetória, Rudy, muito parecida com a de um "libertador" desse apego, que adoece e se constitui em um dos piores sofrimentos da alma.

– Fantástico, meu amigo! Está me lembrando São Lucas, que foi médico do corpo e da alma – disse Rudy, esfuziante.

– Minha tentativa é harmonizar cérebro e mente, não apenas redimensionando o ser humano diante de sua história pessoal, às vezes aparentemente insignificante, mas percebendo-a como elo de uma grande corrente. Corrente essa que está ligada, num extremo, ao mais ínfimo dos mundos, o átomo, suas subpartículas e tudo aquilo que se movimenta e tem "vida", e, no outro extremo, ao maior dos universos que nos circunda: o infinito, o cosmos, o princípio gerador, Deus. Somos a parte e simultaneamente o todo, sincronizados no movimento universal, em constante transformação. A vida, oriunda de um nascimento e encerrada com a falência biológica chamada morte, é apenas um *momentum,* um *flash,* um instante em que a energia se condensa em matéria e se transforma em energia pura.

Parei e voltei à tona.

– Desculpe-me, Rudy: tenho sido atacado por essa verborragia ultimamente.

– Que nada, doutor Rodrigo. Está sendo um prazer este encontro. O senhor é meu convidado para um drinque. Minha casa é aquela.

Rudy apontou para uma casa supersimpática que, na verdade, sempre me chamara a atenção a ponto de já haver comentado com Débora que gostaria de comprá-la.

– Puxa, se eu lhe disser que sempre fui apaixonado por ela...

– Agora ela é também um pouco sua – respondeu ele de modo mais simpático ainda.

Caminhamos em silêncio. Em meu íntimo, agradecia a Deus as oportunidades e os caminhos que Ele me apontava.

CAPÍTULO 9

A CASA ERA UMA CONSTRUÇÃO DE BOM GOSTO. Em minha imaginação, via-me aposentado e escrevendo ali meus livros, no sótão, com vista para o mar. E que vista!

Entramos numa sala ampla, modestamente mobiliada, que dava para um pátio florido e gramado. Uma vasta varanda contornava todo o ambiente. A brisa, o mar, tudo leve e solto. Lindo! O pé-direito era alto e os quartos ficavam em planos diferentes, dando ainda mais charme e uma sensação de aconchego e amplidão.

– Morrerei sem comprar sua casa – comentei distraidamente.

– De qualquer forma morreria, mesmo de velhice, sem nunca comprá-la, pois eu não a venderia.

Serviu-se de um scotch. Eu recusei:

– Sou péssimo em termos de bebida. Prefiro um suco.

Sentamos diante de uns tira-gostos. Senti-me acolhido, com uma agradável impressão de já ter estado ali antes. Tudo familiar e doce.

– Sua casa é uma delícia, Rudy.

– Nossa casa – completou ele, levantando o copo num brinde espontâneo.

– Olha, eu me sinto tão bem aqui que, se o filme da minha vida se congelasse nesta cena, sentiria que Deus me brindara com o paraíso!

– Rodrigo, seu bom humor é contagiante e esse seu desapego merece ser repassado às pessoas. Quantos pacientes terminais existem, sofrendo a angústia do desconhecido, a dúvida sobre a vida e a morte, temendo o "julgamento final" e sentindo a insegurança do que está por vir? É nessa hora que as pessoas lamentam seus erros, torturam-se em culpas, tornam-se ainda mais infelizes com suas frustrações. Por isso, meu amigo, pense nesse seu legado. Pelo que percebo, você tem muita luz. Priorize, nessa reta final, a organização da grande herança com que nos poderá brindar: a sabedoria como pesquisador da vida, médico da alma e do corpo. Rodrigo, sua "obra" está apenas começando.

Fiquei em silêncio, refletindo sobre aquelas palavras. Como uma pessoa, a partir de um encontro casual, conseguia penetrar tão profundamente em minha essência?

– Rudy, esse raio X do psiquismo humano é dom ou aprendizado e sabedoria?

– No fundo, Rodrigo, a verdade, a natureza, o universo nos são mostrados de vários ângulos. A consciência universal não é um legado só do ser humano. Como engenheiro e estudioso da física quântica, posso lhe provar que um simples elétron carrega uma "consciência". Tudo que tem movimento é essencialmente um ente de Deus, consciente de ser um integrante da natureza. As mesmas leis que regem o movimento das galáxias no macrouniverso, ou a força que mantém o sistema planetário unido, são reproduzidas num contexto do microuniverso, entre os átomos e suas subpartículas e no interior do átomo, em sua composição de prótons, nêutrons e elétrons; a gravidade, o eletromagnetismo, a força nuclear forte e fraca. Rodrigo, nós, seres humanos, deveríamos entender mais de energia. Tudo é energia. O elã vital, o humor, o pensamento, a ação e a força de vontade nada mais são do que diferentes traduções dessa energia da vida. Eu lhe pergunto: como estamos lidando com ela? Temos vivido de forma enriquecedora? Qual a harmonia de minha energia ao pensar, sentir e agir?

Interrompeu sua fala por uns instantes e tomou mais um gole do scotch. Era impressionante como um engenheiro, por meio da abstração e da lógica, traduzia a vida de forma idêntica à minha visão "médica", tão analítica e biológica.

– Rudy, parece que nossa sintonia é a mesma. Venho fazendo palestras, dando cursos e escrevendo exatamente sobre isso. É surpreendente ouvi-lo. Você tem uma formação distinta, trilhou caminhos diferentes e hoje nos encontramos habitando igual espaço e tempo, confirmando a presença desse Deus maior. Muitos são os caminhos, mas um só é o destino: Deus!

– Nossa fé é a percepção da natureza: dinâmica, em constante mutação e evolução. A crise de nossos dias é a não-percepção da natureza. Ela nos guia, nos ensina e desvenda todos os mistérios. Todas as respostas estão e sempre estiveram presentes, desde o início dos tempos. A lógica, percepção matemática da natureza, é que está evoluindo a passos lentos diante da enormidade de Deus. Se os cientistas lógicos tivessem fé, estaríamos mais próximos de Deus. Sabe, Rodrigo, discordo do encastelamento pelo qual os cientistas optaram como forma de viver. Nós, leigos e pobres mortais, somos preteridos. E quantas coisas teríamos para acrescentar, porque sabedoria não exige ciência, tecnologia, intelectualização. Sabedoria é sinônimo de observação, experiência, curiosidade, reflexão, serenidade e bom senso. Um cientista não é necessariamente um sábio. Por isso necessita da lógica, das equações, da tecnologia. Falta a muitos deles paz espiritual, alma e fé.

Respirei fundo e ficamos uma eternidade de cinco minutos em silêncio, repensando aquelas palavras. Rudy retomou a conversa:

– No fundo, acho que o invejo, Rodrigo. Por ser tão jovem e por ter chegado até aqui, estar vivendo a proximidade da morte, não como castigo, perda ou fim, mas como continuidade, perpetuação e eternidade. É uma inveja boa. Deve ser bom morrer assim, após viver tão intensamente, superando tragédias, problemas e, principalmente, convertendo a percepção e a consciência da vida em algo tão maior, universal e divino.

Mais do que nunca, percebi naquele momento que Meaípe era um lugar realmente especial. Era um ponto de singularidade, de concentração de forças maiores para mim.

– Sabe, Rudy, em minhas palestras e cursos, em meus momentos com meus filhos, no convívio com os amigos e pacientes, sempre senti uma inquietude, uma insatisfação com as informações, os dogmas, as normas e as leis a que nos submetemos e que aceitamos tão passivamente. As distorções da imagem de nós mesmos e do mundo que nos rodeia me assustam. À medida que desenvolvi uma compreensão mais ampla do ser humano e da natureza que nos cerca, experimentei mudanças internas profundas. Descobri que cada um de nós é agente de sua felicidade ou de sua infelicidade. A propósito, existe uma frase muito importante de um francês, Henry Ey: "Eu sou o sujeito de minhas ações, o autor do meu personagem, o artesão do meu mundo."

....

"Eu sou o sujeito de minhas ações,
o autor do meu personagem,
o artesão do meu mundo."

....

– É uma grande verdade, Rodrigo. Quando o homem atingir essa consciência de autor da própria vida, a história se modificará.

– Sabe, Rudy, o grau de imaturidade no mundo de hoje é alarmante. Desinformados sobre o que é a vida, nos punimos uns aos outros e, no fundo, esse "jogo de culpa por estar infeliz" é, na verdade, o desprazer de ter que encarar as frustrações e nossa incapacidade de resolver as insatisfações pessoais. Neste resto de vida, gostaria de doar minhas convicções e dar uma "chacoalhada" na turma. Chega de hibernar! É hora da primavera e do verão! Vamos reaprender a viver! O amor que hoje sinto pelos filhos, pela esposa, pelos amigos e clientes, pela natureza, por Deus, é algo genuíno, desapegado, sem cobranças nem expectativas. É um amor compreensivo, despojado, generoso e espontâneo. É triste verificar como a humanidade ainda é hostil e imatura. Todos cobram de todos, ninguém agüenta lidar com seus próprios fracassos, frustrações, e então se estabelece um jogo de culpa, cobrança, pena, poder, ciúmes e autoritarismo. Apesar de tudo isso, sou um otimista, Rudy, e creio que a atual crise é, ao mesmo tempo, o início de uma época de transformações.

– O que você que dizer? – indaga Rudy com interesse.

– É que os falsos líderes estão em franca decadência. Estamos cansados dos "espertos", dos egoístas, dos "capitalistas selvagens". Nunca foram tão favoráveis as condições para o surgimento de verdadeiros líderes...

Rudy interrompeu, argüindo:

– O que você chama de verdadeiros líderes, Rodrigo?

– Primeiramente, são pessoas carismáticas e iluminadas. Em geral são sofridas, mas nunca tiveram a intenção de liderar. São líderes por talento, dom, e emergem naturalmente por serem verdadeiros e bem-intencionados; são sábios, porque reconhecem seu potencial e seus limites; mas, acima de tudo, já superaram ou nunca tiveram a vaidade, a necessidade do poder, a inveja, a competitividade maligna que a tudo destrói. Com eles se pratica a cooperação. O individual se transforma no coletivo. São agregadores e não sectários. Buscam a luz, sabendo da responsabilidade da condução de seus semelhantes, a quem vêem de forma respeitosa e humana. São equilibrados e vivem em harmonia com a natureza que os envolve e os guia. Sabem ler os sinais que a natureza e Deus emitem e se dispõem a ensinar a quem não sabe.

– Rodrigo, que você não morra sem espalhar suas sementes.

– Rudy, estou experimentando uma paz indescritível e, ao mesmo tempo, uma necessidade de me comunicar e completar meu ciclo existencial. Agora me fale de você, Rudy.

– Minha história é bem mais simples e, ao ouvi-lo, penso que, apesar de todos os percalços, a vida é surpreendentemente bela. Sou da geração passiva, que se acomodava diante dos dogmas, das leis e normas, pois o medo da punição se sobrepunha ao respeito. Como você, nunca me contentei com o "treinamento" social, religioso, cultural e científico que recebi. Eu também fui sempre curioso, inquieto, insatisfeito. Sonhador, ambicioso, bastante rebelde para minha época. Venho de um século de guerras, de ameaças, de uma Europa dilacerada pela divisão, em conseqüência de um nacionalismo radical e despropositado. Mas também sou testemunha da tecnologia se incrementando, da urbanização, da globalização pela mídia. Transformações cada vez mais rápidas e violentas. A cada dia, um novo mundo: invenções, tragédias, nascimentos, mortes, descobertas, novas nações surgindo e impérios desaparecendo.

Rudy parou de falar, levantou-se e foi até a varanda. Durante algum tempo, fixou o olhar no horizonte como se tivesse se perdido naquele emaranhado de experiências colhidas em seus 74 anos.

– Rodrigo, meu jovem, a profundidade da vida e sua lógica transcendem todas as minhas lembranças, mas uma delas é fundamental. Lembro-me, como se fosse hoje, da figura de meu pai no dia do meu aniversário de 13 anos. Chegou mais cedo, trazendo um volumoso embrulho. Pulei em seus braços e ele, divertido, me disse: "Rudolf, este presente é para te mudar para sempre. Ele revelará seu passado e será seu passaporte para o futuro." Abri apressado o pacote e encontrei um objeto que não compreendi de imediato e que me frustrou no primeiro momento: uma luneta.

Rudy interrompeu novamente sua fala e voltou ao sofá, após renovar a dose de scotch.

– "Para que serve isso, pai?" Ele percebeu minha decepção, mas não se deu por vencido: "Rudolf, esse é o binóculo do tempo.

Ele não permitirá que sua mente se torne mesquinha e vazia. Com essa luneta, você perceberá a obra de Deus. Entenderá como somos pequenos e insignificantes enquanto seres que perpetuam sua espécie. Saberá ver outros mundos e planetas, a infinita sabedoria que Deus nos legou: o pensamento que nos faz querer traduzir a imensa obra cósmica. Rudolf, não veja apenas a história contemporânea. Faça de sua vida uma história em que você se perceba numa engrenagem única, que nos move num ritmo perfeito, sincrônico e harmonioso, em integração com a natureza que devemos amar e respeitar. Comece a questionar o tempo e o espaço. E não se espante ao perceber que, em dado momento, ao detectar a luz de uma estrela, você na verdade está enxergando o passado, pois provavelmente aquela estrela já nem existe mais, restando apenas a luz, o sinal de sua missão como fonte de energia. Rudolf, meu filho, no fundo somos estrelas que um dia haverão de explodir. E nossa herança é perpetuar a luz através de nossos pensamentos, afetos e ações. A luneta será a senha, a luz, o orgulho que sinto pelo meu único filho. Quando eu já não mais existir, serei sua estrela favorita e me comunicarei pela luz que penetrará em seus olhos e eternizará nossas lembranças, nossas histórias, nossa existência afetiva e amiga."

Rudy tinha os olhos marejados e brilhantes, ressaltando o azul como o de uma água-marinha. Fez um gesto com a mão para que eu o seguisse. Subimos uma escada sem corrimão que dava acesso ao segundo nível da casa e depois mais um pequeno lance que levava ao terceiro nível, exatamente aquele que chamei de "sótão". Um quarto amplo, com pouca altura e uma janela enorme que chegava quase até o chão e tomava toda a parede. Havia uma cama cujo estrado ficava num plano mais baixo, estantes com centenas de livros nas laterais, roupas desordenadas, um birô aberto à esquerda e, no centro, estrategicamente voltada para o céu, a luneta, sustentada por um tripé, antiga e belíssima! Era preta, com bordas douradas, parecendo ouro.

– Meu pai, Rodrigo, tem me visitado todas as noites nos últimos 61 anos. Naquele mesmo ano em que ganhei a luneta, ele morreu do coração, durante o Congresso Austríaco de Física. Era um ardoroso defensor das idéias novas de Bohr e outros precursores da física quântica, mas também viajou ao lado de Einstein na Teoria da Relatividade. Ele foi, em Viena, um respeitado físico, e morreu sem conseguir provar, junto a outros cientistas da época, que as leis que regem o cosmos são as mesmas que regem os átomos e suas subpartículas.

Olhei com curiosidade a luneta. No mesmo instante, me passou pela cabeça que eu deveria deixar para meus filhos, esposa e amigos mais que a abstração das experiências vividas junto a eles. Era necessário algo concreto – escrito, falado ou filmado – para ser visto e revisto, de tempos em tempos.

– Rodrigo – disse, num tom mais grave, meu anfitrião.

– Pois não...

– Deixe alguma "luneta" para seus seguidores.

Novamente, aquele homem lia meus pensamentos e me chamava à ação. Fiquei quieto e pensativo um bom tempo até que olhei o relógio e me surpreendi.

– Nossa, Rudy, são quase três da tarde! Preciso ir.

– Fique e almoce. Dona Elvira, esposa do caseiro, faz um bobó de camarão muito especial.

– Não, amigo, obrigado. Ainda vou ligar para casa e acertar algumas coisas antes de retornar a Belo Horizonte.

– Quando você voltará?

– Amanhã ou, no máximo, depois de amanhã.

– Gostaria que voltasse e almoçasse comigo, ou jantasse, Rodrigo.

– Sem dúvida. Mas, Rudy, fale-me de sua família.

– Sou viúvo há mais de 10 anos e meus filhos moram fora. Um é analista de sistemas e mora na Alemanha. A outra, mais nova, é casada com o dono de um hotel na ilha de Ibiza, na Espanha, e mora lá. Tenho quatro netos. Uma ou duas vezes por ano, ou eles vêm ao Brasil ou eu vou visitá-los. Mas a maior parte do tempo sou este eremita que você conheceu. Finalmente resgatei a maior das funções da espécie humana: me tornei um ser pensante! Sem a escravidão do tempo. Sou um observador da vida, da natureza, que se prepara a passos largos para a chegada. Não tão largos quanto os seus, pois você me atropelou na reta final. Ainda nos veremos lá na frente.

Sorri satisfeito. Era bom ver alguém se referir à minha morte de maneira tão espontânea.

– Rudy, obrigado por esses pedaços de vida tão prazerosos que você me proporcionou. A propósito, não quer vender a casa? – perguntei divertido.

– Já lhe disse que este é meu habitat e meu mausoléu. Já alertei os filhos: na minha ausência, transformem isto aqui em um museu ou uma fundação. Minhas cinzas serão enterradas aqui. Aqui é a minha antecipação do paraíso. O Brasil é a minha terra, pátria do sol, da luz, da alegria. Problemas sérios existem, mas há uma magia que um dia se imporá sobre a única tragédia que inviabiliza esta nação: a catástrofe de uma elite política e empresarial extremamente pueril e despreparada.

– Se 80% de nós fôssemos tão "brasileiros" quanto você, Rudy, já estaríamos em outra esfera!

Coloquei o copo sobre a mesa e fui até a varanda. Olhei ao longe, como se quisesse filmar a exuberância daquele mar se conjugando com o céu. As gaivotas, o morro dos dois lados, o verde rasteiro, o jardim bem cuidado. Respirei fundo, sentindo uma dor manhosa no corpo. Depois, acompanhado por Rudy, me dirigi à porta e me despedi:

– Ainda volto para lhe agradecer.

– Se agradecer demais, eu protesto. Eu é que enriqueci mais um pouco. Eu é que agradeço.

Apertamos as mãos e ganhei o caminho da pousada. O sol forte me castigou. Mais tarde, entretanto, enquanto ia a Ubu comer uma peixada e ligar para Débora, pude apreciar a beleza do pôr-do-sol. Mais uma vez me embriaguei com as cores, as formas e o movimento da natureza. E aquelas palavras do sonho com o velhinho do cajado ecoaram em minha mente: "Bem-vindo à vida!"

CAPÍTULO 10

– Oi, Debinha!

– Onde você está? Já deu sua palestra?

– O dia inteiro. Tinha até um austríaco que gostou muito.

– Rô, que dia você volta? Estou preocupada com o João Ricardo.

– O que foi?

– Olha, ele está amuado e disse ter tido um pesadelo com você.

– Ele te contou?

– Disse que você estava sentado com ele numa praia e, de repente, você começou a envelhecer sem parar e ele aflito, tentando te segurar, para que você parasse de ficar velho. Quando te olhou, você era um bebê, todo magrinho, de barba e cabelos brancos, no berço, sem se mexer. Acordou chorando e gritando. Os meninos ficaram apavorados. Ele custou a se acalmar e quis dormir comigo.

– O.k., Débora. Eu queria ficar até sexta, mas volto amanhã.

– Não precisa se preocupar.

– Prefiro voltar amanhã mesmo.

– Rodrigo, o Júnior ligou, está atrás de você. Por que tantos telefonemas?

– Nada. Ele quer que eu fale para os alunos dele.

– A que horas você chega?

– Não sei... Quando estiver embarcando, ligo para você. Deixei o carro no aeroporto. Não se preocupe.

– Rodrigo, você anda muito misterioso... Tô de olho em você, viu?

– Se não corrigir sua miopia, não adianta nada. Não se vê nada de longe...

– Não provoca, não, tá?

– Beijão.

CAPÍTULO II

DORMI MAL. MUITA DOR, talvez por causa do colchão. Entretanto, sabia que minha resistência estava indo à falência e a anemia, secundária à leucemia, já estava me atrapalhando.

Pensei muito no sonho do João Ricardo. Ele sempre foi extremamente sensível, sensitivo até. Captava as coisas e, às vezes, dizia cada uma! Um velho, um bebê. Vida e morte. Ele já havia captado. Sempre foi assim. Grudado em mim, respirando meu ar, acompanhando tudo: palestras, conversas com adultos, fitas gravadas nos cursos, debates, apresentações na TV. Artigos em jornal. Queria ser médico "mas diferente, viu, pai? Daqueles que pegam na mão do paciente", ele dizia.

Passei boa parte da manhã sem coragem de sair do quarto: ora na cama, ora na rede. Ressentia-me da visita ao Rudy, mas, psicologicamente, tinha sido ótimo. Estava cheio de planos.

O problema maior era a comunicação da doença. Pensei muito no assunto. Decidi que, quando chegasse a Belo Horizonte, sairia com Débora. Com cuidado, lhe daria a notícia e faríamos uma reunião familiar, como era nosso hábito. Teria conversas individuais com os meninos. Quanto à clínica, reuniria os funcionários para um diálogo franco e amigo. Programaria uma palestra ampla com os clientes, a fim de prepará-los e propor-lhes alternativas para o futuro. Selecionaria os casos mais agudos e problemáticos para atendimento individual e reduziria a carga horária ao mínimo possível. Dedicaria um tempo à escrita e à gravação de um vídeo com uma coletânea de experiências que poderiam ser úteis à família, aos amigos e pacientes.

Planejaria ainda com Débora alternativas de sobrevivência, tanto no plano emocional da turma quanto no material, para que a vida seguisse seu curso natural.

Relaxei por mais alguns minutos e liguei para o aeroporto. Havia um vôo às 14h. Olhei o relógio: 11h30. Arrumei a mala, fechei a conta. Antes de ir, passei pela casa de Rudy. "Não está", informou, provavelmente, Dona Elvira. "Saiu há pouquinho. Acho que foi a Guarapari, mas não demora, não, viu?"

– Gostaria de deixar-lhe um bilhete. Não, diga a ele que o Rodrigo deixou um abraço.

Peguei o carro e, quando cheguei a Guarapari, procurei uma loja de flores. Tinha anotado o nome da avenida e o número da casa de Rudy. Escolhi uma orquídea e escrevi:

"Rudy

Conhecê-lo significou muito para mim. Cometa de luz a vagar por este universo afora, seu pai não tem do que reclamar: gerou um ser encantador e profundo, que ainda tem muito o que ensinar neste 'mundão de Deus'. Seu mais recente e breve amigo,

Rodrigo Baxkim."

Segui viagem com um cansaço constante e dores por todo o corpo. "Poupar energia para reinvesti-la", pensei, enquanto embarcava de volta.

CAPÍTULO 12

O FIM DA TARDE, NOS ARREDORES da Mata do Jambreiro, transmitia-me uma sensação agradável e facilitava a organização de minhas idéias. A vista tomava toda a parte envidraçada do restaurante, revelando o curioso contorno das montanhas. Só havia duas ou três mesas ocupadas, um garçom com roupa desconjuntada e Débora à minha frente, falando de coisas que eu nem registrava. Esse era o cenário ideal para iniciar minha "mudança de vida".

– Débora, alguma vez você pensou em montar uma loja de decoração?

– Que é isso, Rô?! Estou falando do colégio dos meninos e você me faz uma pergunta dessas, sem pé nem cabeça?

– Debinha, está na hora de você ampliar os horizontes da sua vida. Os meninos estão cada dia mais independentes...

– Eu nunca pensei em trabalhar fora, embora você saiba que eu adoro decoração. Mas não tenho jeito para o comércio, e isso você também sabe.

– Estive pensando na Tânia. Ela tem um jeito danado para o comércio, gosta de decoração e, com a viuvez, está passando certo aperto. E vocês duas se dão bem, não é?

– Como você pensou nisso tudo?

– É que tenho umas economias e, atualmente, não vale a pena deixar dinheiro parado. Além disso, vocês duas dariam emprego a outras pessoas. Ter seu espaço, produzir, ter sua própria renda seria ótimo para você!

– Agora eu estou entendendo essa saída tão esquisita...

Estava passando da hora. Não poderia mais adiar o inadiável. Não poderia, tampouco, usar de subterfúgios ou ficar naquela conversa sem justificativa.

– Débora, tenho que te revelar um fato que vai transformar nossas vidas.

– Nossa! Que tom grave!

– Estou com um problema e, mais do que nunca, preciso de sua força, de seu apoio.

A fisionomia de Débora se transformou numa expressão de surpresa e temor. Ficou ainda mais pálida do que normalmente era. Antes que pensasse que eu estava tendo um "caso", disse:

– Estou com um problema de saúde, por isso o JR tem me ligado tanto.

Ela me olhou de um jeito que mais parecia o de um robô e balbuciou:

– É câncer? Tem jeito?

– Filha, estou com leucemia e o prognóstico não é nada bom.

Sua reação foi catastrófica. Começou a falar alto, quase gritando.

– Não falei?! Essas suas gripes de que você nunca cuidou direito, vivendo só para dar suas palestras, se enfurnando naquele consultório... E agora? Seus filhos, eu, como vamos ficar?

Começou a chorar, debruçando-se sobre a mesa. Chorava de forma descontrolada. As poucas pessoas que estavam no restaurante olhavam atônitas aquela cena tão insólita. Esperei que ela chorasse durante vários minutos. Sentia o peito explodindo, mas me mantinha firme. Aos poucos, ela foi se recompondo, enquanto eu a olhava com carinho.

– Quanto tempo? – perguntou com voz chorosa.

– O quê?

– O que o Júnior te falou? Qual a expectativa de vida?

– Olha, Debinha, é o tipo de coisa difícil de prever. Talvez um ano ou dois, com um tratamento bem-feito.

– Como assim? É lógico que você vai fazer o tratamento. Vamos para o exterior. A gente vende alguma coisa.

– Débora, cabe a mim decidir meu destino. Calma. Você conhece bem as minhas convicções. Eu trabalho nisso há anos.

– Não me venha com suas histórias. Aí está o Dr. Baxkim que tanto pregou sobre a vida e a morte! E agora está nas últimas!

O tom agressivo, meio frio e egoísta, me decepcionou. Senti um enorme cansaço. Desviei o olhar para fora, tentando me refazer e reencontrar a paz que aquela paisagem sempre me proporcionara.

– Desculpe-me, Rô. Estou um pouco tonta, isso tudo parece um pesadelo, um filme de terror...

– Filhinha, lembra-se daquele nosso papo sobre desapego? Aprenda a se desapegar. O apego é sinônimo de sofrimento. Tudo flui, tudo passa. A verdade é que não retemos nada nem ninguém. Meu tempo era esse. Se você pudesse sentir a paz que estou sentindo, a tranqüilidade que tenho tido para lidar com tudo isso, não ficaria assim tão arrasada. Só que este momento exige uma preparação de todos nós, e preciso de você a meu lado.

Débora respirou fundo. Desviou o olhar e perguntou:

– E quanto aos meninos?

– Era nisso que eu mais vinha pensando. Vamos viajar este fim de semana? Pensei em Tiradentes.

– E o seu tratamento?

– Minha amiga, dias, meses ou anos perderam a razão de ser. Quero investir, nesta minha última etapa, em qualidade de vida e dignidade. Quantidade, agora, é pouco relevante. Ainda preciso concluir algumas coisas relativas ao consultório, à medicina, aos clientes e, principalmente, à família. Quero estar o máximo de tempo possível com você e os meninos. Não quero fazer quimioterapia. Apenas gostaria de amenizar as chamadas crises blásticas, quando o risco é maior, corrigir as anemias e fazer um tratamento sintomático. Definhar é prolongar o sofrimento daqueles que me amam. Seria egoísta acumular uma fração de tempo irrelevante em relação a toda a minha história de vida.

– E quanto a mim, Rodrigo?

– Quero deixar a parte financeira organizada. Penso que há o suficiente para segurar a barra até os meninos engrenarem. Acho também que você deve se casar novamente.

– Você está doido? Então essa história de novo casamento que você sempre me dizia era verdadeira?

– Debinha, você é nova, linda, e daqui a pouco os meninos vão ter de buscar a vida. Por seu estilo e temperamento, você não é do tipo que ficaria só. Não há nada de errado nisso. Aliás, precisamos preparar os meninos para que eles não queiram te censurar.

– Rô, pára com isso. Você quer é desviar o assunto.

Tomei suas mãos, acariciei seu cabelo e disse com todo o coração:

– Debinha, como você me ajudou nesta vida! Sabe, nunca pensei que fosse capaz de conquistá-la. Bonita, comprometida, desejada por todos, o xodó do papai e dos irmãos machistas. Mas sou um sonhador e quis você. Lembro-me, como se fosse hoje, do Longuinho me falando: "Sabia que a Debinha terminou o namoro de três anos com o Alfredo?" Mal agüentei esperar o dia seguinte para abordá-la com aquele papo de "aranha": "Oi, Débora, aqui é o Rodrigo. Queria discutir uma matéria que exige uma base de sociologia. Será que você sairia comigo à noite?" Aquele "sim" acelerou meus neurônios...

– E você ficou discutindo teses e mais teses comigo durante três dias.

– Aí, no quarto dia, confessei meus sonhos e disse, falsamente, que sabia não ser aquele o momento, não ser eu a pessoa certa. E você logo lascou: "Quem disse que não?" O primeiro beijo, torto e desajeitado. Foi aí que minha vida se transformou.

– Rô, nunca, em tempo algum, senti ou sentirei por outro o que sinto por você.

Demos um beijo prolongado e intenso, como havia anos não fazíamos. Ela me abraçou e percebi que chorava.

Na volta do restaurante, viemos lentamente pela estrada de Nova Lima, em silêncio, compenetrados.

– Rô, diga você aos meninos. Faça do seu jeito. Eles já conhecem seus conceitos, mas não será fácil conviverem com sua perda. Eles são ligadíssimos a você. Pai, amigo, herói, orgulho, ídolo, já nem sei definir direito o que eles sentem por você.

– Deixa, Debinha, eu sei como lidar com eles. Cada um tem seu jeito, seus valores, seu universo. Minha herança será todo o meu amor por eles, por você e por meus clientes e amigos.

Quando chegamos ao prédio, pedi:

– Débora, procure manter a naturalidade. "Morrer é tão natural..."

– "... quanto nascer", já sei disso, mas queria ver se fosse o contrário!

– Por favor, mais uma coisa: não quero perceber à minha volta nem pena nem dó, nada disso! Para mim, não há drama. Preciso de tranqüilidade e energia positiva, certo?

CAPÍTULO 13

O DIA FOI PERFEITO. AS DUAS MENINAS, Sara e Bruna, em especial, gostavam muito de Tiradentes. Passeavam pelas lojas, andavam a cavalo, faziam amigos.

A pousada era muito acolhedora em seu estilo inglês. Uma piscina bem no meio de um delicioso jardim dava um toque de graça. Os varandões dispunham de redes e confortáveis cadeiras antigas. Do andar superior, onde era servido o chá, avista-se parte da cidade, a parte de que eu mais gostava: um riacho, a pontezinha barroca, as árvores seculares e um amplo gramado. A vida pachorrenta daquele precioso recanto mineiro permitia um bate-papo tranqüilo em frente ao casario do século XVIII.

Débora trancou-se depois de nossa conversa no restaurante. Calada, fugia do contato direto comigo, desviando o olhar para o espaço vazio. Passou a tarde no quarto, provavelmente repensando e chorando os últimos acontecimentos. Seus olhos inchados denunciaram o choro escondido nesse final de tarde. Estava tão ensimesmada que nem percebeu que os meninos e eu tínhamos ido a São João del-Rei na maria-fumaça e tínhamos visitado o Museu Ferroviário e percorrido uma parte histórica da cidade.

Eu estava feliz na companhia dos meninos, mas confesso que

sentia muita tristeza ao tentar reter cada instante com meus filhos. Sorvia, com absoluta intensidade, cada minuto vivido.

Aguardava, no entanto, a hora certa, aquela em que tocaria no assunto com as crianças. Achei melhor esperar a noite e fui logo avisando que teríamos uma reunião, como já era habitual.

Sempre tínhamos momentos de comunhão familiar quando conversávamos, de forma franca e construtiva, sobre nossa relação em família. Era uma dinâmica de grupo que, de simples obrigação no início, foi se transformando, com o tempo, em encontros ricos, fonte de prazer para todos nós.

Esses encontros reduziram as brigas e aumentaram o respeito mútuo, um verdadeiro aprendizado na arte de ouvir críticas e saber formulá-las. Sempre procurei mostrar-lhes o ideal: além de irmãos, deveriam evoluir na construção de uma amizade sincera. Se isso não fosse possível, advertia-os, deveriam no mínimo se respeitar, procurando compreender suas diferenças. Ainda que discordassem entre si, não deveriam nunca permitir que a competição, as brigas, as discórdias e as inimizades minassem o relacionamento deles. Deveriam lembrar que o respeito é condição imprescindível no convívio humano prazeroso, saudável e enriquecedor.

À noite, fomos dar uma volta a pé e contemplar aquele indescritível céu estrelado! Subimos as ladeiras da cidade histórica mais graciosa de Minas Gerais, patrimônio barroco dos mais importantes do mundo. Chegamos ao restaurante, um verdadeiro templo da comida mineira.

A cada dia eu perdia mais o apetite e o prazer pela comida. Daí a perda de peso. Já estava com o mesmo peso de quando era solteiro. Durante o jantar, muita gozação, a algazarra dos meninos e o silêncio de Débora. Nos raros momentos em que falou, foi para ralhar com a turma.

Na volta, passamos pelo velhinho dos doces. O assalto, que quase esgotou o estoque de quindins, pés-de-moleque, brigadeiros e cajuzinhos, deixou o pobre homem desnorteado.

Descemos as ladeiras e paramos no chafariz para tomar a gostosa água de mina, presente da gigantesca serra que contorna a cidade. Puxei Débora para junto de mim e seguimos abraçados. Ela insistia em não me encarar. Teimava em ficar só, vivendo seu "inferno astral". O sentimento de perda, para ela, vinha acompanhado de muito sofrimento e insegurança.

Era penoso para ela acompanhar-me nos momentos de risco e mudanças em que me aventurava. Empreendedor e desapegado, sempre fui um sonhador. Recomeços, novas empreitadas foram comuns em nossa vida. Com seu jeito conservador, Débora quase adoecia quando eu lhe dizia: "Filhinha, estou pensando em começar uma nova fase e é preciso que vendamos o apartamento." Ela esbravejava, listava problemas, argumentava, mas, companheira fiel, acabava apoiando e participando dos sonhos e planos arriscados.

Agora eu sabia que seu sofrimento quanto ao futuro tinha sentido e um tempero de tragédia e irreversibilidade. Ao abraçá-la, tentava enviar-lhe uma mensagem de vida, otimismo e esperança, de continuidade e cumplicidade em relação à vida e ao futuro. "Para tudo existe um jeito", era meu comentário usual quando a via absorvida por preocupações antecipatórias.

Ao abraçá-la, tentava enviar-lhe uma mensagem de vida, otimismo e esperança, de continuidade e cumplicidade em relação à vida e ao futuro.

Chegamos à pousada e nos reunimos na sala de jogos. O ambiente descontraído permitiu-me entrar logo no assunto:

– Meninos, gostaria de trocar umas idéias com vocês. Bruninha já tem 16 anos, o Wagner, quase 15, o João Ricardo está caminhando para os 13 e a Sarinha, 10. Somos uma família legal. É claro que temos problemas, mas, no geral, somos grandes amigos e companheiros. Só que o papai está cansado e querendo descansar um pouco. O que vocês acham?

– Qual é, velho? – pressionou Wagner, meu filho mais problemático, imaturo e meio "malandrão". Era um protesto típico dele. – Quem vai pagar as contas? – completou ele com seu jeito debochado.

– Que é isso, Wagner? Quer dizer que você não quer nem saber se estou esgotado, se minha bateria está no fim? Eu que me vire para saldar os compromissos e dar as mordomias, é assim?

– Pô, velho, não radicaliza. É que o dinheiro não nasce igual a grama.

Pensei seriamente sobre o Wagner. Seu comportamento revelava uma série de valores e traços que eram a antítese daquilo em que eu acreditava. Algumas vezes, cheguei a pensar em desvio de personalidade, tal a sua tendência de mentir e praticar atos indevidos. No entanto, paradoxalmente, era capaz de gestos de desprendimento, além de demonstrar muita afetividade.

Em nossas conversas, Débora e eu acreditávamos que a imaturidade era seu maior problema. Tentávamos manter o "cabresto curto". Wagner era o único que já havia perdido um ano letivo. Na época, dissemos a ele:

– Na vida, Wagner, cada um de nós é agente de sua trajetória. Nosso esforço em investir no seu estudo é para lhe dar mais ferramentas para a batalha da vida. No entanto, a segunda forma de lutar é o trabalho. Cabe a você decidir se estuda ou trabalha. Se perder outro ano, deixará de merecer nosso esforço. Aí restará a você trabalhar e custear seus estudos.

Nunca mais ele nos deu trabalho e hoje é um aluno mediano: não tira notas baixas nem "mata" aula.

– Pai, estou achando o senhor estranho, magro, com olheiras e um ar realmente cansado. Podíamos reduzir nossos gastos e o senhor diminuiria sua carga de trabalho – disse Bruna.

Como sempre, Bruna se mostrava de um bom senso incrível. Ela era madura para sua idade, inteligente, racional e perceptiva. Mantinha conosco diálogos produtivos, de igual para igual. Responsável, ótima aluna, estudava dois idiomas já na fase de conversação e ainda fazia balé. Eu lhe prometera que ela iria estudar nos Estados Unidos. Dentro de um ano, prestará vestibular para direito. Segurança e firmeza são características marcantes de sua personalidade, além de liderança e perseverança. Nasceu para vencer por merecimento.

– Paizinho – disse João Ricardo. – Se quiser, eu ajudo, ou na clínica ou trabalhando fora. Só não quero ver você abatido! Acho que precisa mesmo descansar, estar mais perto de nós, viajar conosco, chegar cedo em casa. Sentimos sua falta. Para que ficar trocando de carro, comprando lote, sei lá o que mais? Para mim, o que importa é ter você por perto.

– Puxa-saco! – interrompeu Wagner.

– Respeite seu irmão e a todos nós. Cada um está se manifestando numa boa – disse eu.

– Paizinho – concluiu o João Ricardo. – Amo muito você e, se pudesse, estaria batalhando em seu lugar. Admiro sua obra e suas lutas. Sou seu fã.

A emoção invadiu meus olhos. Procurei os de Débora, que olhava para fora, despistando as lágrimas. João Ricardo era um doce, o afeto em pessoa, minha sombra, meu sol. Estava sempre ao meu lado.

– E você, Sarinha?

– Ah, pai, o senhor é quem sabe. Acho que ficou mais bonito assim, mais magro. É só comer melhor e dormir mais. Precisa se cuidar. Não pára nunca, está sempre viajando, madrugando. Qualquer hora o senhor morre de tanto cansaço!

Fiquei desconcertado, enquanto os outros riam e concordavam com a caçula, xodó de todo mundo. Era respeitada por ser brava e saber se defender. Independente e pragmática. Com ela não tinha tempo ruim. Organizada, a exemplo da mãe, mas muito mais tranqüila e segura.

– Muito bem. Tenho por vocês todos muito amor. Vocês conhecem meu trabalho e meus objetivos. Minha maior tarefa é entender o ser humano, perceber seu conteúdo, decifrar suas manifestações físicas e psíquicas, como forma de penetrar sua alma, sua essência; trabalhar com a energia vital. Querem ver? Bruninha, pega um papel e uma caneta.

Ela voltou num instante. Sentamos, formando uma roda à volta da mesa. Tracei um gráfico na folha de papel.

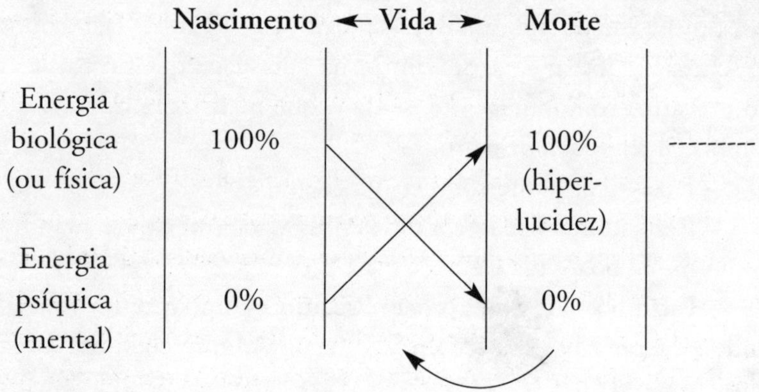

– Um bebê, no primeiro dia de vida, tem 100% de energia biológica. Suas células e órgãos estão novos em folha. E o que é a vida biológica senão uma queda contínua, um "envelhecimento" dia a dia? Por exemplo: até a Sarinha já tem as artérias, que conduzem o sangue do coração para o corpo, mais endurecidas, mais velhinhas que as artérias de um bebê. À medida que os anos passam, as doenças, o meio ambiente, com a poluição, a forma errada de se alimentar, o estresse vão diminuindo a energia física ou biológica. A falência é a morte: a biologia não se sustenta, tudo pára. Mas vocês sabem que o papai é um pesquisador também da segunda forma de energia: a psíquica ou mental. Ele estuda o pensamento, as emoções, a força de vontade. Essa forma de energia é quase ausente no bebê. Enquanto ele cresce e se relaciona com a natureza e com as pessoas, a energia psíquica, ao contrário da biológica, vai crescendo. Cresce com o viver, no contato direto com o meio ambiente. Na morte, ela atinge um clímax.

– Pai, o que é clímax? – perguntou Sarinha.

– É o máximo, o pico. É como se, naquele momento, a lucidez fosse a maior possível e percebêssemos que, na verdade, embora o corpo já não obedeça aos nossos comandos, continuamos a existir, ver, ouvir, pensar, só que num outro plano. Por isso fiz essa linha entrecortada, no meu gráfico, significando continuidade. Esse outro plano, entretanto, não pode ser percebido pelas pessoas que continuam vivas biologicamente.

– Paizinho, e por que a energia biológica acabou na morte e o senhor fez uma seta para trás?

A pergunta foi feita pelo atento e curioso João Ricardo.

– Filho, a natureza e Deus são tão fantásticos que todas as substâncias que nos compõem, carbono, nitrogênio, cálcio, potássio, lítio, etc., são também componentes das árvores, dos animais, dos insetos, dos microrganismos. Ora, se abrirmos o caixão de uma pessoa que morreu 200 anos atrás, veremos que só restaram pequenas partes do esqueleto, se tanto! O resto já voltou à natureza para dar seqüência à vida de outras espécies. Isso é surpreendente! É a dança da vida! "Na natureza, nada se cria, nada se perde, tudo se transforma." Lembram-se das histórias que eu contava à noite? A Terra, no início, era só rochas, vulcões, carbono. Aos poucos, os cometas, as explosões de estrelas e uma série de fenômenos cósmicos foram espalhando todos os outros elementos necessários à vida. Foi-se formando a atmosfera, com este céu azul, o ar, a água dos rios e do mar. Deus semeou a vida na Terra. Nós, seres humanos, o que temos em nosso corpo? Temos 60% de água, que é H_2O, carbono, sódio, lítio, nitrogênio. Somos fruto da poeira cósmica em constante mutação e pertencemos ao universo.

Parei e olhei ao redor. Os cinco me acompanhavam com atenção e "viajavam" na história da vida.

– Se fôssemos analisar um primata, o gorila, talvez constatássemos que os elementos que o constituem são muito semelhantes aos do ser humano. Mas, em nós, tais elementos geram uma energia que nenhum outro animal possui: o pensamento. Esta nossa conversa só é possível porque conseguimos estar em "sintonia de pensamento". Os elementos bioquímicos geram atividades bioelétricas e se criam "ondas de energia" em forma de pensamentos, sentimentos e ação. Vocês sabem que minha grande batalha é tentar mostrar às pessoas a relação existente entre cérebro e mente, corpo e alma?

Parei um pouco e perguntei:

– Vocês estão gostando dessa palestra?

– Nossa, pai, está demais! – exclamou Bruna, realmente envolvida.

– Wagner, pega lá o seu rádio.

Ele foi em dois tempos e trouxe seu inseparável rádio.

– Para entender a vida, na questão da energia, vamos analisar, por exemplo, o rádio. É incrível, mas aqui em Tiradentes, na sala desta pousada, existem bilhões de fenômenos coexistindo com a família Baxkim. Só que não os percebemos, pois as energias estão em códigos e não conseguimos decodificá-las: somos educados para perceber apenas o que é matéria, ou seja, corpos e objetos. Agora, prestem atenção: acabo de sintonizar o rádio na FM 105.1. Escutem! (Uma música invadiu nossos ouvidos.) Vou trocar para AM 650. (Passamos a ouvir notícias.) Outra freqüência. (Propaganda.) Viram que fenômeno fantástico? Se tivéssemos um receptor capaz de captar ondas sonoras em freqüências específicas, esse nosso espaço se mostraria rico em energias transformadas em música, notícias e vice-versa. E agora quem acredita que haja imagens codificadas nesta sala?

– Já sei. Se ligarmos a televisão, vai aparecer a imagem! – disse entusiasmado João Ricardo.

– E quem acredita que um japonês possa estar sendo representado por som e imagem, simultaneamente, no Japão, nos Estados Unidos e em Tiradentes?

– Transmissão via satélite, pela TV a cabo, por exemplo! – completou Bruna.

– Isso mesmo! Transformação de matéria em energia. Todos acreditamos nisso, quando o assunto é rádio ou TV.

– E o fax, papai, é ainda mais sensacional – disse novamente Bruna. – Letras e símbolos se codificam em impulsos telefônicos e viajam através dos fios e cabos de fibras óticas e vão, por exemplo, para a Europa, onde a energia se decodifica em letras e símbolos novamente!

– Pois é, turma. É fantástico mesmo!

Nesse momento, assumi um tom mais sério e perguntei:

– Vocês acham possível que a energia do vovô Baxkim esteja aqui conosco, agora?

Eles se entreolharam, desconfiados. Wagner se manifestou:

– Ô, velho, não extrapola. Vai dizer que acredita em assombração?

– Cambada de jovens preconceituosos, hein?! Eu trabalho com a energia do pensamento, com a ausência de vida e morte, com a eternidade e a noção de tempo sendo uma dimensão, não uma criação psicológica do homem. Pois lhes afirmo que é perfeitamente possível. Só que, como disse a Bruna, é como se fosse um fax que só tivesse um codificador. Ou seja, a vida é a constante transformação da matéria em energia, porém, diante da limitação do homem, nos falta o segundo fax, aquele que decodifica, que traduz a energia do pensamento e do afeto em algo concreto. Ainda não temos rádio de pilha, televisão, fax, enfim, um receptor para reconhecer e receber as "ondas de energia" daqueles que já se foram. Por outro lado, quem já sonhou com o vovô Baxkim?

– Eu!

– Eu!

– Eu!

– Só faltou você, né, Wagner?

– Pois bem, no sonho ele não estava vivo.

– Mas era sonho, paizinho.

– Não, João Ricardo. Naquele momento, era real. Lembre-se do que digo em minhas palestras: pensar é igual a agir. Se pensei, criei uma realidade. Por isso o ansioso tem estresse. Ele não pára de pensar e o cérebro processa tudo como se fosse real. Pois bem, quando dormimos, somos menos preconceituosos, nossa consciência se expande e essas energias afins estabelecem contato mais facilmente. E por que sonharam com o vovô Baxkim e não com o tio Carlos?

– Eu não tinha contato com o tio Carlos e vivia na casa do vovô! – apressou-se Bruna em esclarecer.

– Isso mesmo. O afeto é uma energia que semeamos e cultivamos em vida. Pessoas que têm uma ligação afetiva se perpetuam, pois o afeto é uma energia atrativa. Quando amamos, nos ligamos aos outros, nos tornamos próximos e nem a morte nos separa, embora, muitas vezes, a vida esteja na freqüência FM e a morte na AM. É como acontece no rádio: o ponteiro está ali, no mesmo lugar, por exemplo, no 700, mas se colocarmos na FM ele toca música e na AM, dá notícias. Pessoas e energias podem estar mais próximas do que se supõe. Aqui, curtindo conosco, podem estar meu avô Baxkim, que é bisavô de vocês, como também a vovó Mariana. Só que não os percebemos, porque não temos o decodificador. Nós dependemos de nossos órgãos sensoriais (olhos, ouvidos, etc.). Já imaginaram se numa outra freqüência, no nível energético, pudéssemos ver sem olhos, ouvir sem ouvidos?

– Por que será que o Wagner é o único que não sonhou com o vovô?

– É que faltou o afeto, a relação. Por isso digo a vocês: desenvolvam a linguagem do afeto em vida para que, além dela, possamos estar unidos por toda a eternidade.

Senti novamente um aperto no peito e me levantei instintivamente. Logo vieram os quatro:

– O que foi, pai?

Não podia mais segurar. Tomei fôlego para ter coragem e falei:

– Sinto que minha hora está chegando.

– Que é isso, velho?

– Estou com uma doença séria que vem me tirando as energias. Preciso me preparar, pois sinto que minha missão aqui já está quase cumprida.

Ainda perplexos e sem entender, cada um reagiu de uma maneira. João Ricardo correu para meus braços e, chorando, dizia:

– Não, não fala isso! É mentira, é brincadeira sua! Eu não vou deixar.

Bruna nos abraçou calada.

Sarinha foi para o colo da mãe e perguntou:

– Papai vai morrer? Quando? Por quê?

Só o Wagner se afastou e fingiu olhar pela janela.

– Gente, que é isso! Eu não estou morrendo ainda não. Só não vou viver muito. Quando será, é difícil dizer. Deus me deu a chance de ir me preparando. Nestes 41 anos, só tenho tido motivos para me alegrar. Vamos viver essa última fase com muita intensidade e tranqüilidade.

Procurei não chorar e tentei amenizar o clima:

– Teremos Natais e aniversários e eu ainda vou chatear vocês um bocado. Vamos ter tempo para muitas alegrias e tornar nosso afeto ainda mais forte.

– Pai, você está com câncer? – perguntou a Bruna, me fitando.

– Bem, filha, é como se fosse um câncer no sangue. É leucemia.

– Mas minha colega teve isso e já tá boa.

– É que o tipo de leucemia do seu pai é mais grave.

– E se o senhor se tratar igual a ela? Viverá mais?

– Sem dúvida, é possível, mas eu penso...

Nesse momento de consternação, Débora finalmente interferiu:

– Rô, por mim e pelos nossos filhos, prometa que fará o melhor tratamento que existe e que lhe permita viver o máximo que puder!

Não tive saída. Aquele momento de grande emoção foi de encontro à minha vontade de evitar os tratamentos quimioterápicos.

– Prometo pensar no assunto.

Fomos nos deitar com uma tremenda "ressaca". João Ricardo e Bruna queriam que eu dormisse com eles. Acabamos, eles dois e eu, num quarto, e a Débora, a Sara e o Wagner em outro.

Novamente as dores e o pensamento desenfreado me tiraram o sono. Às 5h30, levantei-me e fui dar uma volta pela cidade. Quando retornei, todos estavam de pé. Queriam voltar para Belo Horizonte após o café da manhã.

O retorno foi marcado pelo silêncio.

CAPÍTULO 14

AO CHEGAR A BELO HORIZONTE, a primeira coisa que fiz foi ligar para JR.

– Júnior, pela Débora e pelos meninos, estou repensando meu tratamento.

– É lógico, Rodrigo. Quem, em sã consciência, deixa de lutar pela vida?

– Eu não deixo de lutar, propriamente, mas não tenho esse apego. Tenho uma visão otimista. Você sabe disso. Acho que a quimioterapia e a radioterapia são válidas para quem tem de se despedir mais lentamente, para quem tem medo da morte e muito apego à vida. No meu caso...

– O seu caso é como o de qualquer mortal, Rodrigo. Deixa disso.

– JR, você é um iceberg fantasiado de médico!

– Desculpe-me, Rodrigo. É que você é muito cabeça-dura.

– Tudo bem. Como estão as coisas?

– Sua anemia está séria e a leucocitose é preocupante. Estou pensando numa transfusão com papa de hemácias e começaremos o esquema quimioterápico clássico o mais rápido possível.

Suspirei com desânimo, mas conformado:

– Quando posso começar?

– Hoje, já que ontem não foi possível.

– O.k., JR. Sou todo seu! Chame os residentes, os acadêmicos! Hospital das Clínicas, lá vou eu!

– Não me aborreça. Nessa você perdeu.

– A princípio, quem sabe? Mas daqui a pouco reverto isso. Quem viver verá!

– Verei, com certeza! – disse JR, debochado e arrependido.

– Ver não é função exclusiva dos olhos, não, viu? Cartesiano de meia-tigela!

CAPÍTULO 15

Após 10 dias de tratamento, já me sentia bem melhor e, com isso, Débora e os meninos ficaram menos mobilizados e voltaram à rotina. Nesses dias, fiquei em casa o tempo todo, fazendo anotações, revendo minhas fitas gravadas em palestras e dedicando-me a leituras que estavam atrasadas. Na clínica, os clientes foram avisados de que eu tinha um problema de IVAS (infecção das vias áreas superiores), deveria tomar antibióticos e, a pedido do médico, me afastaria por alguns dias.

– Alô, Marisinha? Por favor, marque uma reunião com a turma, hoje, às três da tarde, sim?

– Como o senhor está?

– Ótimo, minha amiga. Em ponto de bala!

Realmente, recuperei a cor, o apetite e até engordei 2 quilos. As duas transfusões me trouxeram o vigor que, nos últimos seis meses, eu havia perdido. As aplicações não me causaram grandes transtornos. Pensei, então, que não poderia ser radical. Débora e JR estavam certos: se o tratamento me trouxesse qualidade de vida, por que não? E como valeu a pena! Eu me sentia outra pessoa.

Nesses 10 dias, senti os meninos grudados, à exceção de Wagner, que mantinha certa distância. Outro dia eu o provoquei:

– Ô, filhão, minha doença não é contagiosa, não, viu?

Ele riu e me deu um beijo.

João Ricardo a cada noite me interrogava sobre sonho, vida e morte. Queria saber como me manteria próximo dele e a respeito de outras manifestações de carinho. Contou-me, em detalhes, o sonho que tivera com o velho e o bebê. Aproveitei para fazer uma analogia entre a vida e a morte e falar da relatividade de tudo isso. Com toda a família reunida, assistimos *2001 – Uma odisséia no espaço* e *A casa dos espíritos*. Em meus comentários, procurava o tempo todo ressaltar a idéia de eternidade, de continuidade.

....

– Ô, filhão, minha doença não é contagiosa, não, viu?
Ele riu e me deu um beijo.

....

Com especial interesse, nos reunimos também para ouvir a gravação de uma palestra que eu havia dado a pacientes terminais e seus familiares no Hospital do Câncer, fazia uns três anos. Escutávamos as perguntas formuladas pela platéia e minhas respostas. Parecia que eu antecipara o futuro. Respondia com tamanha emoção e serenidade que parecia falar de minha própria experiência. Foi ótimo! Apenas o João Ricardo tinha assistido a essa palestra. Esse depoimento é um verdadeiro documento que, hoje, ao ouvi-lo novamente, sinto que pode ser de grande valia para muitas pessoas vivendo a mesma situação. Enquanto escutavam, os meninos faziam outras perguntas e se detinham nos trechos mais interessantes. Notei que aquela mensagem dada por mim, de forma tão positiva e clara, tinha calado fundo em suas almas. Depois desse dia, eles retomaram a rotina, sem me "paparicar" tanto.

Era chegado o momento de acertar as coisas na clínica, com os funcionários e pacientes.

CAPÍTULO 16

FIQUEI ALGUM TEMPO OBSERVANDO as pessoas da clínica, enquanto preparavam a sala para a reunião. Pareciam felizes com meu retorno, após quase duas semanas de ausência. Pensei no início da minha carreira: um minúsculo consultório, dividido com outros quatro colegas, e uma secretária eletrônica. Agora era essa casa confortável, com 12 funcionários, tudo organizado e bem dividido: Marisinha e Lea ficavam na recepção; Chica era a auxiliar de enfermagem; seu Zé, o motorista; Antônio, o vigia; Déa, Rose e Tina me ajudavam nas programações de palestras e cursos; Vivi e Graça eram responsáveis pela administração; e, finalmente, dona Maria cuidava da faxina. Alguns estavam comigo havia mais de 10 anos.

Na clínica, tínhamos uma política de incentivo ao estudo e à melhoria pessoal. Criamos uma cooperativa para distribuir parte do lucro entre os funcionários. Eu acompanhava com muita alegria os progressos: Vivi adquiriu apartamento próprio, Marisinha realizou o sonho da moto, seu Zé comprou um táxi e Tina estava quase se formando em psicologia. Éramos uma grande família, embora com problemas inerentes a qualquer grupo: ciúme, insegurança, competitividade. Mas, em nossas dinâmicas de grupo, íamos resolvendo as dificuldades de cada um.

Hoje, o quadro era diferente. Eu sentia certa angústia: como encaixá-los em outro emprego? Quem escolher para auxiliar Débora na loja?

– Dr. Rodrigo, estamos prontos!

Como sempre, Marisinha estava com seu caderno de atas e caneta a postos.

– Minha gente, hoje é um dia especial. Há anos estamos partilhando o trabalho, o tempo e os objetivos. Temos crescido, temos tido sucesso e vivenciado frustrações, mas sempre buscando nos superar. Somos um time que só tem sido vitorioso porque sabemos que todas as funções têm importância. Atrás do Dr. Rodrigo existem a alma, a participação, a ação de todos vocês e por isso lhes sou eternamente grato. Vocês são testemunhas de minha busca constante, das mudanças arriscadas, da luta incessante para entender o ser humano, ajudá-lo em suas depressões, ansiedades e seus momentos de desespero. E me orgulho de termos sido bem-sucedidos na maioria dos casos. Os fracassos nos entristeceram, mas nos dispusemos a aprender com os erros e com as frustrações. Devo muito de meu sucesso a vocês. E agora, em especial, necessito de toda a compreensão, firmeza e maturidade de todos. Está na hora de provar que fui capaz de semear em cada um a mensagem da vida, da presença de Deus, da existência humana como algo maior, eterno e infinito.

Observei cada integrante do grupo. Reinava um silêncio esmagador. Pressentiam um fato grave a ser relatado, mas esperavam, com respeito, por minha fala.

– Estou largando minha atividade.

Uma agitação tomou conta de todos, entre sussurros e expressões de espanto.

– Não porque eu queira, mas porque Deus me sinalizou. Estou com uma doença incurável chamada leucemia aguda mieloblástica.

O ambiente ficou tenso e agitado. Chica e Léa começaram a chorar.

– Escutem-me! Ainda tenho algum tempo de vida e ficaria triste se vocês ficassem paralisados pelo sentimento de pena. Ora, será que nunca participaram da minha jornada redefinindo a vida e a morte? Gente, Deus é justo e estou preparado para o que me aguarda. Preciso de vocês, sem choro e sem desespero. Lembrem-se de que temos de ajudar os pacientes, além de Débora e os meninos. Nada de drama. Não é para isso que venho preparando vocês!

– Não pode ser verdade, Dr. Rodrigo. Diga que é brincadeira! – choramingou Chica.

– Nada é impossível para Deus! – exclamou a evangélica Rose, enquanto orava baixinho.

– Pessoal, o Dr. Rodrigo precisa da gente agora. Calma, vamos ouvi-lo – pondera Tina, a mais controlada de todos.

– Preciso organizar uma grande palestra com o maior número de clientes possível. Tenho de prepará-los, enquanto tento marcar uma reunião com os colegas de maior afinidade. Já pensei na Marcella, no Everaldo e no Mário. Pretendo atender quatro ou cinco pacientes por dia. Proporei palestras quinzenais para até 200 pessoas. Individualmente, só analisarei os casos mais complicados. Quero continuar atuando até quando meu corpo permitir, mas darei prioridade a meus filhos e a Débora. Quanto a vocês, haverei de encontrar um cantinho para cada um. Lembrem-se: vocês são pequenas mudas do meu jardim. Multipliquem minhas idéias e meus ideais. Mas, se querem me ajudar de verdade, nada de clima de velório. Preciso de energia, de sorrisos, de alto astral. Vamos lá, turma! Vocês têm 15 dias para organizar a palestra. Vamos fazer uma carta para cada cliente, comunicando que tenho algo importantíssimo e inadiável a dizer-lhes e que conto com a presença de todos.

Em silêncio, cabisbaixos e resignados, deixaram a sala.

A vida deve continuar.

CAPÍTULO 17

VOLTEI A ATENDER NA PARTE da manhã com muita alegria, embora ouvindo sempre os comentários sobre minha aparência e perda de peso. Muitos queriam saber a respeito da palestra que faria para meus pacientes. Recebi emocionantes orações e cartinhas do pessoal do consultório. Consegui passar tranqüilidade e impedir que se instalasse um clima de "fim de festa".

Alguns dias depois, a rotina foi se impondo e, com muita competência, as meninas conseguiram esquematizar a palestra, desdobrando-se para fazê-lo da melhor maneira.

Em casa, à tarde e à noite, procurava organizar meus documentos e instruções. Reduzi as palestras às segundas e quintas-feiras, mantendo apenas as mais significativas, dirigidas a estudantes de medicina e psicólogos, pacientes terminais, pedagogos e grupos de adolescentes. Uma vez por mês, o grupo ecumênico se reunia para debater religião e ciência, fé e sabedoria. Esse trabalho já completava dois anos. Embora polêmico, e talvez por isso mesmo, era gratificante e enriquecedor.

Eu estava me sentindo bem e, desde a transfusão de sangue seguida das aplicações do JR, praticamente não me queixava de cansaço, dor ou qualquer indisposição. Entretanto, continuava sem muito apetite e, gradualmente, perdendo peso. O fígado e o baço, aparentemente aumentados, provocando certo incômodo abdominal, me lembravam da leucemia.

Os últimos exames, embora melhores que os iniciais, mostravam ainda um aumento significativo de glóbulos brancos: a anemia persistia em níveis menos alarmantes. Na semana seguinte, iniciaria uma nova série de aplicações.

Estava na varanda, meu local preferido nos últimos tempos. De lá contemplava a vida seguindo seu ritmo: os jardins, os simbólicos ipês e as centenárias mangueiras me distraíam, as crianças no playground, o pessoal de serviço no ritual diário de varrer as folhas para, no dia seguinte, outras caírem e novas brotarem. Quando dona Maria José se aposentasse, outra pessoa continuaria varrendo as novas-velhas folhas secas, outro síndico fiscalizaria o prédio e as folhas continuariam a cair sempre. Marias varrendo e síndicos obsessivos vigiando, enquanto a natureza insistisse em desobedecer aos homens.

Da varanda eu observava os carros descendo a rua, apressados pelo ritmo acelerado das grandes cidades. Os ônibus seguindo a monotonia de seus trajetos. O porteiro, em sua atividade modorrenta e sem graça, a passar o dia puxando conversa com quem tem mais pressa e menos tempo. As babás, desatentas às crianças, pondo em dia as fofocas do prédio. As madames mal-amadas. Seus maridos indiferentes e cada vez mais ricos e infelizes dando suas escapulidas com amantes jovens e interesseiras. O mau humor deles, compensado pela bebida e pelas viagens ao exterior, e a mania delas de fazer compras desnecessárias. Casamentos desfeitos, malfeitos ou mantidos pela aparência. Eternos conflitos entre maridos, mulheres e filhos. Acusações mútuas de insatisfação, jogos de culpa, chantagens. No fundo, todos seguindo as mesmas regras, as mesmas normas, os mesmos dogmas: cresça, respeite os pais, estude, trabalhe, ganhe dinheiro, adquira casa, case e tenha filhos. E, depois de tudo isso, cadê a felicidade? Cadê a sensação de paz interior?

Na varanda eu refletia: as pessoas vivem, crescem, envelhecem, constituem família, elegem um cônjuge, tornam-se ricas e poderosas e depois caem nesse vazio, nessa angústia, nessa guerra entre irmãos, esposos e filhos. Guerras no trabalho, nos esportes, na política. Países contra países. Religiões contra religiões, numa cadeia interminável. Por quê?

A vida, para mim, tem sido refletir sobre o que a maior parte das pessoas não quer ou não se preocupa em pensar. Após perdas, fracassos, frustrações, insatisfações, o império cai e as coisas perdem o sentido. A alma adoece, o corpo padece. O desânimo, o ceticismo, a desesperança tomam conta do indivíduo. O negativismo e a idéia de morte mostram a ilusão do ter, do poder. É aí que entro eu, médico do corpo e da alma, do pensar, do sentir e do agir. E de onde tiro minhas lições? Dos compêndios, dos trilhões de trabalhos científicos publicados a cada ano? Não. Busco a sabedoria na observação do cotidiano, da natureza, da essência de cada fato, da simplificação do ato de viver. Na percepção do movimento, das mutações, da repetição de eventos sempre renovada. Energia se materializando, matéria se organizando. Ondas, partículas, individual e coletivo, parte e todo. A lógica e a magia, o compreender e o explicar.

A varanda e minhas observações. Quando estou ali, eu sinto o mundo. Sou um observador, mas, ao mesmo tempo, me energizo e me sinto parte de tudo: viro o porteiro, a babá, a criança, a árvore, a folha, o casal que na verdade nunca se casou e o síndico, sedento de poder e escravo do perfeccionismo opressor.

Na varanda, crio, fantasio, me iludo, me louvo e me condeno. Invento histórias enquanto testemunho histórias. Vejo minha cidade crescer, me roubando partes do horizonte. Vejo casas deixando de existir e enterrando, em seus escombros, personagens do passado: poderosos um dia, insignificantes 60 anos depois. Assim é a vida: novas construções em cima de antigas, velhas famas sepultadas no ostracismo. Ninguém se recorda de ninguém. Bisnetos se esquecem dos bisavós e estudantes de medicina nem se lembram de quem foi o Prêmio Nobel de três anos atrás.

A vida é um flash. De nada adiantou ao ricaço do início do século fazer a casa mais bonita em estilo gótico para eternizar seu nome e seu poder. Seus bisnetos, pobres e imaturos, brigaram por sua parca herança. E hoje, no lugar daquela casa, ergue-se um imponente edifício de 30 andares com seus 60 endinheirados proprietários que jamais ouviram falar do "tal conde". Esses agora se preocupam mais em exibir seus carros importados e seus telefones celulares, disputando vaga na coluna social do "fulano de tal". Daqui a 40 anos, famílias operárias estarão habitando esse decadente edifício. Não conheceram os donos grã-finos e lutarão, após terem perdido na Justiça, contra a construtora que irá, provavelmente, implodir aquele "cortiço" para instalar um arranha-céu inteligente de 120 andares. Nele serão abrigados os executivos do ano 2080 e, em suas garagens aéreas, os recém-lançados "aerocarros" de última geração.

Quanta ilusão! Vivemos a irrealidade nessa prisão do tempo e espaço, valorizando tanta quinquilharia, lutando e morrendo por elas!

Voltei à realidade com o movimento dos meninos entrando:

– Paiê!... – e vieram os quatro me abraçando e beijando ao mesmo tempo.

– Eh, moçada! *Carpe diem:* viva o dia de hoje, como diriam os antigos. A vida é a percepção dos pequenos grandes momentos. O resto é pura ilusão!

– Que história é essa, paizão?

– Nada, Bruninha. É o velho que às vezes filosofa em voz alta. Aí, pessoal, quem quer ir com o velho conhecer o planetário em São Paulo e visitar a tia Paula?

– Oba, eu quero!

– Eu também!

– É de avião, velho?

– Pô, Wagner! Você só quer mordomia. Não, senhor. Vamos na van, com o Sr. José dirigindo. Vamos parar em Caxambu para visitar a tia Arlete.

– Ah, não, pai. Vamos direto para São Paulo!

– É importante, pois não sei se vou ter outra oportunidade.

Os meninos se calaram. Aquele assunto era um peso para eles.

– Chega de embromação. Amanhã é sábado e sairemos cedo.

– Pai, você me leva ao Playcenter? – perguntou Sara, toda graciosa.

– É lógico, meu bem. Eu também gosto de ir lá.

– Paiê, eu quero ir ao Morumbi ver o jogo do São Paulo.

– O.k., Wagner. Depois vamos montar nossa programação.

Fui até a cozinha e encontrei Débora ocupada com o preparo do lanche. Dei-lhe um beijinho e disse:

– Debinha, vamos a São Paulo?

– Só agora é que você me convida? Já estou vendo o movimento, e vão sobrar as malas para mim, né?

– Meu anjo, será que não dá para curtir a idéia, em vez de se sentir infeliz por causa da mala?

– Tá certo, Rô. Estou querendo mesmo ver a tia Arlete.

Voltei à varanda. A tarde caía. O céu estava avermelhado. Pessoas apressadas buscavam o rumo de casa. Mais um dia se findando. Agradeci a Deus pela minha existência: nem conde, nem herdeiro falido, nem nobre, nem miserável. Apenas um ser que aprendia, cada vez mais, sobre a relatividade da vida. Cada um de nós, independentemente de seu enredo, importância ou poder, é único, fundamental na história do universo, na história dos tempos. O que nos falta é a compreensão da extraordinária oportunidade que é a vida. Cada ser que existiu, existe e existirá é uma dádiva, uma partícula de Deus na comunhão da onda de vida cósmica. Somos eternos, como geradores da energia do pensamento, dos sentimentos, da ação. Imortais na alma, na essência, no movimento da vida.

Obrigado, meu Deus, pela oportunidade de percebê-lo em cada detalhe da natureza: no Sol, nas estrelas, nos insetos, no verde, no azul, no amor aos meus filhos e à minha esposa, na amizade pelos pacientes e no afeto pelos amigos.

Obrigado por sua presença em mim o tempo todo, pelas alegrias, tristezas, decepções, por mostrar-me a nobreza de compreender a vida sem preconceitos nem dogmas, por entender que "errado" e "certo" são conceitos que o homem criou.

Obrigado por permitir que eu enxergue que o positivo e o negativo, o ódio e o amor, a luz e escuridão são lados opostos de uma mesma realidade. Obrigado, Senhor, por ter-me ensinado que a verdade só será percebida se eu tiver a humildade de reconhecer que só tenho acesso a uma de suas infinitas facetas. Se eu a busco, devo ter a sabedoria da observação e desenvolver a capacidade de trocar de lado com as pessoas, os animais, os vegetais e todos os seres que povoam o universo.

Abri os olhos. Uma sensação de paz e de alegria invadira meu corpo. A fé, a verdadeira fé, energia que nos é ofertada a cada segundo e que exige a verdadeira entrega, invadiu meu coração.

Levantei-me. Espreguicei-me. Entrei novamente na atmosfera da vida cotidiana. Mais um dia vivido! Mais uma dádiva alcançada!

Abri os olhos.
Uma sensação de paz e de alegria invadira meu corpo.

CAPÍTULO 18

A VIAGEM A SÃO PAULO FOI como um recreio, mas o retorno me trouxe novamente à realidade.

A palestra aconteceria em dois dias. As meninas da clínica trabalharam de forma eficiente e dedicada. Os pacientes confirmaram presença, numa demonstração de interesse, confiança e envolvimento no trabalho da clínica. O tema central da palestra não lhes fora antecipado. Foram informados apenas de que seria feita uma explanação e um balanço sobre meu projeto de trabalho.

Chica comentou, radiante:

– Virão pessoas de mais de 13 estados do Brasil! Mais de 1.800 já confirmaram presença. Veja, Dr. Rodrigo, veja a lista!

Senti um aperto no coração ao ouvir Chica citando os participantes:

– O senhor se lembra do Seu João, do Belém do Pará? Da Liza, de Manaus? E da Lu, de Brasília? Vêm também a Maria Eustáquia, de São Luís, e o Evaldo, de Teixeira de Freitas. O senhor se lembra deles?

Pensei em todas aquelas pessoas viajando durante horas, até mesmo dias, fazendo despesas para me ouvir e partilhar meu caminho. Fiquei preocupado com a generosidade e o desprendimento dessas pessoas, atendendo prontamente ao meu chamado, sem saber exatamente o motivo de tal convocação. Senti-me profundamente responsável por todo ser humano. E, mais uma vez, convenci-me de que estamos carentes e sedentos uns dos outros. Desviei o olhar, emocionado.

– Desculpe-me, Dr. Rodrigo, não sabia que...

– Que nada, Chica, não se preocupe. É que cada paciente é um amigo, um irmão para mim. Há muita cumplicidade e doação em nossas relações. No fundo, acho que já sinto saudades, muito antes de partir!

Ao voltar para casa, trabalhei um pouco mais na preparação do encontro com meus pacientes.

CAPÍTULO 19

A AVENIDA ESTAVA REPLETA DE CARROS. Era hora da palestra. Enquanto procurava estacionamento, contornei o quarteirão do teatro. Do carro, observava os rostos conhecidos dos pacientes. Todos ali reunidos, vindos das mais distantes partes do país. Uma aglomeração na entrada esperava a abertura do auditório. Foi quando vi o Sr. Joel, portador de mal de Parkinson ou "mal de São Guido". Ele caminhava lentamente, trêmulo, mas decidido. Vinha amparado pela filha. Eu tratava dele e também de outros familiares e conterrâneos seus lá do Espírito Santo. Eram tantos que, em uma de minhas palestras, eu afirmara que, em outra vida, nasceria capixaba.

Fui tomado de forte emoção.

– Que Deus me ilumine e a todos que me acompanharam nessa jornada! – pedi, quase suplicando.

Queria poder doar mais do que minhas palavras e meu conhecimento médico. Minha vontade era penetrar na intimidade do ser humano, transmitindo-lhe energia, amor e sabedoria. Meu desejo era acalentar a alma de cada um, em silêncio, dando paz de espírito, ninando cada choro, acalmando o desespero existencial. Queria ensinar o desapego como cura do sofrimento e instrumento de liberdade.

Consegui, finalmente, uma vaga. Parei, respirei fundo, tentando manter o equilíbrio. Logo vieram as meninas da clínica, alvoroçadas, comemorando:

– Dr. Rodrigo, isso aqui está lotado!

Sorri, disfarçando meu estado emocional. A presença de todos era mais uma comprovação de como estamos em busca de convívio e de um sentido para a vida. Ao lado de Chica, fui entrando no auditório sem ter ainda recuperado o controle. Sentia-me profundamente responsável por tudo o que estava acontecendo.

Quando subi ao palco, sofri um impacto como se estivesse sem agasalho em meio a uma nevasca. Uma sensação de frio gelado percorreu meu corpo. Jamais sentira tamanha emoção. Andei de um lado para o outro do palco, tentando me recompor. O silêncio foi interrompido pelo aplauso dos presentes. Muitas palmas, igualmente emocionadas, me impediam de cumprimentar a todos. Não suportei o nível de tensão e tive uma crise de choro, me expondo diante daqueles olhares indagadores, atentos e carinhosos de meus pacientes. As palmas aumentaram. Eu me sentia indefeso, e era cada vez mais difícil recuperar a serenidade.

Os minutos se passaram. Ainda trêmulo, iniciei:

– Obrigado a todos vocês, clientes amigos, meus irmãos! Hoje estou aqui para partilhar com todos um momento único de minha vida. Na verdade, gostaria de estar conversando com cada um individualmente, trocando experiências, conjugando afetos, refletindo sobre nossa existência; mas achei necessário um encontro com todos vocês. Gostaria de expor-lhes reflexões, aprendizados e descobertas que fiz ao longo de minha experiência médica.

Meu desejo era acalentar a alma de cada um,
em silêncio, dando paz de espírito, ninando cada choro,
acalmando o desespero existencial.

Não se ouvia um ruído sequer. Continuei:

– Assim, vim lhes falar de vida, de meu trabalho e de minha vivência de mais de 20 anos em busca da compreensão do ser humano. E falar de existir (do latim *existere*) é falar de emergir, vir à luz. Nada define tão bem a vida como "buscar a luz".

Aos poucos, fui recuperando a calma. As idéias começaram a fluir com mais facilidade.

– Como já lhes falei em outros momentos, nós, médicos, somos treinados para investigar o corpo, o biológico, a matéria. Desde o tempo de estudante, eu estranhava muito não ouvir a palavra "alma" ou "mente". Era como se o ser humano fosse um amontoado de células, órgãos, ossos e músculos investigado em busca de possíveis defeitos ou doenças. Os médicos, então, seriam apenas "tratadores de doenças". Não seria mais importante, eu me perguntava, partir em busca da saúde? O que é saúde? Como obtê-la no mundo de hoje? Nos treinamentos, os médicos são obrigados a fazer anamneses, ou seja, pesquisar, detalhar as queixas e os sintomas, caracterizar, esmiuçando cada detalhe do funcionamento dos órgãos, numa busca obsessiva de diagnóstico que utiliza toda tecnologia possível. Entretanto, na maior parte das vezes, os resultados são normais, embora o paciente continue com suas queixas. Tenho saudades daqueles médicos de antigamente que pegavam na mão, davam conselhos! Eles são cada vez mais raros. O humanismo ainda existe, é certo, como também existem bons médicos. Mas, hoje, o que tem prevalecido no momento de se escolher uma profissão é a oportunidade de vencer, conforme a demanda do mercado de trabalho. Já não se valorizam mais o dom e o talento. Escolhe-se esta ou aquela profissão porque há emprego disponível, porque o salário é bom, não por vocação.

Depois de uma breve pausa, prossegui:

– Desculpem-me pelo desabafo, mas aproveito este momento para lhes pedir que nós, pais, reflitamos sobre o modo de ajudar nossos filhos na escolha correta de sua atividade futura. Peço-lhes que jamais desviem um músico nato para ser advogado, um arquiteto para ser médico, um poeta para ser industrial, com o objetivo de dar continuidade "à atividade do pai". Seguindo o próprio talento e o próprio dom, nossos filhos poderão ser marceneiros, bailarinos ou engenheiros, desde que assim o desejem. Como pais, cabe-nos apenas perguntar se nossos filhos são felizes, aconselhando-os sempre a valorizar o dom que receberam, de modo a serem os melhores possíveis nas áreas de suas opções e de seus talentos.

Fiz mais uma pausa e tomei dois goles de água. Era chegada a hora de entrar no assunto que nos levou a compartilhar, de fato, aquele momento.

– Bem, voltemos a falar de medicina. Medicina, para mim, significa a busca da saúde. A saúde perdida pelo homem moderno. A medicina foi o caminho que me permitiu conhecer o homem. O trabalho permitiu-me "viajar" pelo universo afora, visitando cada um de vocês, seres únicos. Nessa prática, notei os desacertos da sociedade atual. O homem só, mergulhado na solidão das grandes cidades, tornou-se frustrado, infeliz, mal-humorado, deprimido e neurótico. Suas relações também sofreram o impacto desse individualismo, tornando-se permeadas de desconfianças, medos, culpas, marcadas por jogos de competição. Esse homem tornou-se doente do espírito com reflexos na matéria. É assim que o homem moderno adoece. Nessa longa caminhada, tentando compreender o sofrimento humano, descobri uma ligação mais profunda entre os seres humanos. Descobri que, independentemente da profissão, do status, da cor, do credo, cada um de nós é uma fração de Deus e está muito mais ligado a Ele do que supomos. Descobri também que esse Deus colocou o homem cercado pela harmonia do universo. E que a sabedoria está em observar e compreender a vida à nossa volta. Minha missão, então, tornou-se aprender e ao mesmo tempo ensinar, facilitando aos outros a percepção dos sinais que nos rodeiam. Desse aprendizado, posso formular uma receita básica para nos recuperar dessa "modernidade" que nos adoece: tempo para observar e nos sintonizarmos com a natureza; respeito às nossas diferenças; resgate dos relacionamentos entre casais, pais e filhos, patrão e empregado, etc., priorizando o tempo, hoje tão curto e corrido, e investindo na compreensão, na observação e na "escuta" do outro; consciência dos valores essenciais como o amor, a amizade, a generosidade, o afeto e a verdade. É preciso nos doarmos uns aos outros, complementando-nos e enriquecendo-nos mutuamente. Precisamos voltar a ser solidários, priorizando a coletividade.

A platéia me acompanhava atenta.

– Aprofundando-me mais na compreensão do sofrimento humano, deparei-me com conceitos que completam o quadro de angústia do homem: o temor da morte, o medo do futuro, a inconformidade com as perdas. Para desenraizar essas idéias, é preciso ver a vida como transformação. Tudo se modificando, mas a essência permanecendo. Não temer a morte nem as perdas é fundamental para viver sem sofrimento. É preciso descobrir o caminho do desapego. Tudo na Terra, na natureza e no universo obedece a um processo dinâmico de troca e transformação. Nós inspiramos o que os vegetais expiram e vice-versa. Nós nos alimentamos de peixes, aves, répteis e mamíferos, mas também somos alimento para microrganismos que, em algum momento, entram na cadeia alimentar dos vegetais. E os vegetais são o elo da corrente que alimenta os animais herbívoros e estes são o alimento dos carnívoros. A vida é, portanto, dinamismo, movimento constante. Nosso cérebro, para amar, odiar, construir, destruir, pensar, fantasiar e criar, necessita de matéria-prima de reinos tão distintos quanto o vegetal e o mineral. Na observação do universo, descobri um Deus generoso, positivo, próximo, presente e misericordioso. Na sua obra, a vida é um milagre.

Respirei fundo. Olhei para a platéia silenciosa e atenta.

– Minha missão médica, meus amigos, foi tentar alertá-los para o brilho da vida e partilhar com cada um de vocês a busca da essência da alma, do espírito que nos conduz a Deus. Minha jornada está chegando ao fim e...

Uma expressão de espanto se fez presente e uma pessoa perguntou em voz alta:

– Dr. Rodrigo, o senhor vai largar a medicina?

Quase instintivamente, completei:

– Meu amigo, o que estou deixando é a vida. Cada um de nós tem um tempo diferente. Uns deixam esta vida de repente. Outros recebem avisos de que seu tempo está se esgotando. Soube, algumas semanas atrás, que tenho leucemia aguda mieloblástica, uma doença do sangue que, infelizmente, é fatal. Mas ainda me resta algum tempo de vida, meses, um ou dois anos. Penso que, quando dispomos desse tempo, é porque ainda temos muito a fazer e crescer. Eu recebi esse aviso. Por isso devo modificar minha forma de trabalhar com vocês.

A platéia permanecia em silêncio, assustada.

– Calma, pessoal. Esse tempo nos é dado exatamente para que possamos trabalhar esse enfrentamento tão difícil, a mudança de estado chamada morte. Gostaria de tornar essa experiência bem rica para todos nós. Minha proposta para os próximos meses é coletivizar nossos encontros, reduzindo o atendimento individual. Farei palestras e darei cursos para partilhar minhas vivências com um número maior de pessoas. Quero espalhar sementes em campos maiores. Também estou compilando material para deixar em livros, vídeos, DVDs, apostilas, tudo o que for possível e que venha a ser útil nas relações humanas. Gostaria de abordar questões e reflexões que sempre acompanharam meu projeto de vida: revisão do conceito de medicina, as escolhas profissionais, a adolescência, a sexualidade, as drogas, a relação entre pais e filhos, o casamento, as relações no trabalho, etc. Não basta criticar os grandes erros e problemas do mundo moderno. É necessário propor soluções.

A calma ia se restabelecendo aos poucos, embora persistisse um burburinho.

– Estou escrevendo dois livros. O primeiro se chamará *Construtores de um novo tempo* e, nele, pretendo abordar a possibilidade de um novo mundo, o sonho de um novo tempo. No segundo, intitulado *A história da História*, vou apresentar, de forma simbólica, uma proposta para ligar os fatos históricos desde o início dos tempos e contar aos jovens de qualquer idade como se dá a relação entre todos os seres vivos, criando uma consciência ecológica universal. Nesse livro, vou buscar a recuperação dos valores, a consolidação do respeito entre o ser humano e a natureza. Há ainda um outro sonho a ser realizado. Com o lucro das publicações, gostaria de criar uma fundação com o objetivo de incentivar e valorizar talentos, capacidades em todas as áreas: empreendimentos, artes, agricultura, comércio, etc. A fundação ajudaria a quem fosse talentoso e competente em sua área e em sua atividade específica. O músico poderia viver de suas canções; o agricultor, de seu cultivo; o professor, da pedagogia; o escritor, de seus livros, e assim por diante.

Expliquei melhor:

– Nessa fundação, a contribuição seria mútua, formando uma grande rede de cooperação, respeito e incentivo. Dessa forma, os filhos não precisariam, obrigatoriamente, "herdar" o império profissional dos pais, e tampouco a expectativa deles; não precisariam ficar desesperados com a escolha da profissão, baseando-se em salário ou no mercado de trabalho. Ajudaríamos a harmonizar temperamento, talento, natureza e dom, como caminho de ser e ter, para que cada atividade humana se desenvolva com prazer, poesia e felicidade.

Respirei fundo e continuei:

– Durante esse período de vida, estarei também em reunião permanente com meus colegas médicos que têm visão semelhante à minha, uma filosofia de trabalho que prioriza a prevenção, o investimento na saúde e não no tratamento de doenças físicas e psíquicas, buscando a qualidade antes da quantidade de vida. Peço-lhes que contem com o apoio e a assistência de três colegas aptos a auxiliá-los: Dra. Marcella, Dr. Mário e Dr. Everaldo. Eles estão aqui hoje para que, após o intervalo, possamos juntos esclarecer as dúvidas de vocês.

Ouviam-se comentários e discussões paralelas. O barulho aumentava.

– Peço a todos silêncio e serenidade. Se pudesse, compartilharia esta paz de espírito que sinto. Enquanto o corpo e a matéria padecem, jamais me senti tão bem interiormente. Sinto-me leve e tranqüilo. Ainda não terminei minha jornada. Ao contrário, estou convicto de que esta é uma nova etapa e de que, nos próximos meses, haveremos de amadurecer e buscar uma compreensão ainda maior sobre o "viver" e o "morrer", sobre nossas posturas existenciais e o que nos levou a este encontro e a esta comunhão. Convido-os a tomar um suco e provar uns biscoitinhos caseiros atrás do anfiteatro. Daqui a 30 minutos vamos abrir espaço para perguntas, num debate franco em busca de novos caminhos. Obrigado por tudo, pela presença, pelo apoio e por nossa convivência sempre tão enriquecedora.

Durante alguns minutos, os pacientes me aplaudiram de pé. Isso me comoveu ainda mais. Senti que todo o sofrimento, sacrifício, alegrias e tristezas, bons e maus momentos, frustrações, erros e acertos foram recompensados. Aprendi a amar e me sentia amado. Tinha resgatado a simplicidade, o apreço e o respeito aos meus semelhantes. Tinha vencido tendências à vaidade e ao orgulho, aprendendo a lidar com as críticas, selecionando as construtivas e identificando as que eram fruto da imaturidade, do ciúme, da inveja e da competitividade.

Após o intervalo, meus colegas e eu respondemos às dúvidas e curiosidades. Ouvimos depoimentos bonitos e sinceros. Testemunhamos, especialmente, velhas angústias existenciais e constatamos a tremenda dificuldade das pessoas em lidar com a morte. Diversas mensagens foram escritas. Foram momentos emocionantes, partilhados por todos e marcados pela solidariedade. O congraçamento me levou a uma emoção contínua e meus olhos, marejados e inchados, denunciavam o estado emocional em que me encontrava, vulnerável por estar vivendo uma situação jamais imaginada. Esperei alguns instantes para dar meu depoimento final:

– Meus amigos, agradecer-lhes é muito pouco. Por isso gostaria de finalizar resumindo, em poucos minutos, esse meu tempo de 41 anos. Deixo registrada aqui parte da herança do meu avô, fundamental no meu crescimento: a observação e a simplicidade como forma de colecionar experiências edificantes de vida. Observar o mundo à nossa volta nos leva ao caminho da sabedoria. Já a minha mãe me legou o amor extremo ao semelhante, sem distinção de classe, cor ou poder. Tinha o dom da comunicação e a capacidade de superar tragédias e problemas, sempre com resignação e um sorriso constante. Dona Mariana sempre dizia: "Para tudo há uma solução." Dela guardo um aprendizado de doação e desapego. Era a generosidade em pessoa. Nunca esperava agradecimento ou cobrava retorno de suas grandes ações. Mas seu maior encanto foi colocar poesia e luz em cada ato da vida. Meu pai também me deixou lembranças e ensinamentos. Seu grande legado está contido nestas duas palavras: ingenuidade e despojamento. Meus amigos, devo confessar-lhes: sou grato a Deus por tudo o que sou e tudo o que tenho. Ele me convoca mais cedo à vida eterna, sinal de que consegui condensar, nesses 41 anos, a energia básica que propiciou tanta riqueza existencial, permitindo-me estar diante de vocês, falando de vida, de amor, de alegria e de luz. Tudo isso, apesar de a morte se fazer tão próxima e íntima. Isso não é castigo. É descanso e mérito. É paz e continuidade.

De pé, as pessoas aplaudiam e, pela primeira vez, senti que compreendiam e percebiam a riqueza desse encontro.

– Para entendermos o milagre da vida, precisamos compreender a natureza dual de tudo quanto existe no universo, matéria e energia. Do contrário, seremos frágeis e infelizes, temendo a velhice e a morte, temendo o Juízo Final. De tão presos ao biológico e à matéria, priorizamos o temor à doença em detrimento da satisfação de sermos saudáveis. Nós nos matamos em guerras, assaltos e crimes por questões familiares, poder, vaidade e ambição por dinheiro. Falta-nos a visão de que não há vida nem morte, a compreensão da eternidade. Falta-nos o respeito à nossa diversidade racial, cultural, social, religiosa e política. Cada um de nós carrega dentro de si um enredo, uma missão, um dom e um talento. Somos todos importantes, embora insignificantes como indivíduos. É bom lembrar: a energia em forma de onda é a luz, a origem e o destino de tudo. E a onda de luz é a reunião de infinitas partículas – os fótons –, matéria individual dessa luz, frágil e solitária. Assim devia ser a humanidade: uma onda de energia, somatório de bilhões de partículas chamadas seres humanos. Se essas partículas aprendessem a se harmonizar, deixando de lado as divisões territoriais, religiosas, raciais, etc., chegariam muito mais rapidamente ao objetivo final: o equilíbrio com tudo o que existe na natureza e no universo, no encontro com Deus. A energia do pensamento, instrumento de sintonização com Deus, tem sido usada de maneira errada, desviando-nos do corpo e da alma, sendo a causa de infelicidades, cismas e desconfianças, culpas, angústias e medos, tornando a vida um desprazer, um sofrimento constante para os ansiosos e deprimidos. Seguimos pela vida antecipando problemas inexistentes, escravizando-nos com pensamentos negativos, condenando-nos à baixa auto-estima, ao temor do futuro e às culpas do passado.

Tomei fôlego e continuei:

– Minha missão médica em busca dessa sabedoria universal foi reapresentar a realidade às pessoas, mostrar o brilho das coisas, a beleza da vida, as cores do mundo. Foi mostrar a importância de uma percepção ampla, conscientizando as pessoas da dança incrível dos elementos da natureza, sempre em movimento e em mutação: respirar o ar, senti-lo, provar o sabor e resgatar a essência da cada alimento, desenvolver a linguagem afetiva e praticar o amor a cada instante. Amar a si mesmo, a esposa, os filhos, os amigos, os empregados, os conhecidos e desconhecidos. Deixar a vida fluir, aprendendo a participar, dividir, multiplicar e somar. E sonhar! O sonho é o início de tudo, a razão de tudo, a transformação da vida. Quem não sonha não chega a viver. Foi sonhando e realizando sonhos, com perseverança e fé, que fui adquirindo vivências e deixando de ser imaturo, crítico e vaidoso; abandonando o egocentrismo, os jogos de culpa, as chantagens emocionais, os jogos de sedução, pena e autoritarismo. Viver é uma aprendizagem. À medida que aprendermos a ouvir, a aceitar os erros, a reconhecer que não sabemos tudo, nos tornamos capazes de entender a dinâmica da vida. Errar e não perceber nem admitir o erro é ruim, é sinal de imaturidade. Errar e admitir o erro representa um grande passo em busca do amadurecimento. Perceber antes de errar é formidável. Mas o maior e mais definitivo desafio do amadurecimento humano é resgatar a espontaneidade, a naturalidade, a simplicidade e a verdade que um dia tivemos, quando éramos crianças. O mundo adulto, repleto de regras e jogos sociais, preconceitos e hipocrisias, foi nos roubando, ao longo dos anos de "educação" familiar, social, cultural e política, a capacidade de sermos lúdicos, espontâneos e autênticos.

E com ênfase concluí:

– Libertem-se! Resgatem a natureza e a simplicidade. Errem, acertem, tenham sucesso ou fracassem, mas jamais deixem de tentar! Deixo a vocês, como legado, a meta que orientou minha vida: o sonho, numa constante busca de superação. Nem sempre consegui alcançá-lo ou ultrapassar meus limites, mas sonhei sempre, amando cada ser à minha volta. Quero agradecer-lhes por este momento. Continuarei lutando em busca da luz, em busca de Deus. Muito obrigado a todos!

Só consegui sair do auditório uma hora e meia depois.

Todos tinham uma palavra, um gesto de compreensão e afeto. Eu estava exausto, mas me sentia pleno, leve e feliz ao mesmo tempo. Feliz como jamais havia me sentido!

CAPÍTULO 20

AS SEMANAS SE PASSAVAM E A doença piorava. Ainda me submeti a dois outros tratamentos intensivos com JR, mas os efeitos colaterais se intensificavam, aumentando o mal-estar mais do que os sintomas da própria doença. Três meses depois da palestra, decidi que não queria mais a quimioterapia. Só permitiria o tratamento sintomático para a dor ou a reposição sangüínea para anemias mais graves. Apesar do cansaço e da indisposição que muito me limitavam, empenhei-me arduamente na tarefa de preparar a palestra recorrendo a textos e fitas de vídeo. No quarto mês após a palestra, enviei uma mala-direta aos pacientes, comunicando que teria de encerrar o atendimento no consultório, propondo, no entanto, encontros quinzenais, para revermos aspectos do comportamento humano.

A pedido dos próprios pacientes, os encontros seriam gravados e filmados. Ao final dos cursos, editaríamos minhas falas em apostilas que seriam distribuídas a todos os interessados, pacientes ou não.

Minha decadência física era visível e palpável. Ora estava inchado, ora abatido. Os cabelos caíam e eu podia acompanhar meu rápido envelhecimento diante do espelho.

Os meninos e Débora me apoiavam e tentavam conduzir a vida o mais normalmente possível. Eram sabatinados, com freqüência, por amigos e colegas curiosos a respeito de minha doença. Também eles se impacientavam com a "pena excessiva" demonstrada pelos pais de seus colegas, familiares ou conhecidos do prédio e da escola.

Sempre que possível, estávamos juntos. Não tocávamos em assuntos relativos à minha saúde, a não ser quando, nas reuniões familiares, eu falava de meu estado físico e psicológico. Na última reunião, todos concordaram que o tratamento quimioterápico estava sendo pouco produtivo e apoiaram minha decisão de interromper as sessões, ainda que isso significasse uma redução na expectativa de sobrevida. Afinal, como defende a Sociedade Britânica de Geriatria, se não me falha a memória, "o importante não é acrescentar anos à vida de uma pessoa e sim dar mais vida aos anos dessa pessoa". Vida, reafirmei, é qualidade e prazer.

Meu desconforto era grande, com dores pelo corpo e desvitalização. Tinha insônia. Minha família estava cada vez mais consciente de que seria um tremendo egoísmo pedir mais tempo além daquele que Deus me concedesse. Eu pedia que os meninos, na fé das orações, desejassem "o melhor para o pai".

Comecei a pensar no dia da minha morte e resolvi fazer tudo diferente: não suportava imaginar o ritual do velório, a missa de 7º dia, a de um mês. Embora de formação católica, eu me tornara um ecumênico convicto. Deus se apresentara a mim por intemédio de uma fé inabalável, mas também se traduzia no progresso da ciência, fazendo-se presente nas equações lógicas, nas "invenções e descobertas" da humanidade. A espiritualidade e a fé são necessidades humanas ontológicas. E Deus, essa energia maior, é capaz de operar milagres em quem tem fé e naqueles que a praticam.

Creio na eternidade. Pessoas mal-intencionadas, de má índole, que roubam, corrompem e são corrompidas, que matam, destroem, desrespeitam ou usam de forma errada o poder, são egoístas e más, terão, por isso, a pior eternidade possível: a escuridão, o pesadelo sem o alívio do despertar. Pode-se chamar a essa eternidade de céu ou inferno, a esses espíritos de luz ou baixos espíritos, antimatéria, negativa ou positiva. Cada um pode dar o nome que quiser. Eu chamo de boa ou má eternidade, que é um "arbítrio" em vida. "Colhe-se aquilo que se planta", eis uma lei da natureza, uma sabedoria divina.

Após essa reflexão, decidi procurar três pessoas especiais, às quais delegaria poderes e pediria que ajudassem minha família na utilização do meu arquivo de palestras, de cursos e na publicação de livros, gerando assim os recursos necessários à fundação dos meus sonhos.

Seus nomes eram: Leila, Paula e Ana. Três pessoas competentes e harmonizadas com minhas idéias e minha filosofia de vida. Elas seriam essenciais à continuidade de meus projetos, e as escolhi como depositárias de segredos e revelações.

Marquei uma reunião para o dia seguinte: todas se mostraram dispostas e até agradecidas pela escolha, embora não se julgassem merecedoras de tarefa "tão importante". Brinquei dizendo que a modéstia delas confirmava o acerto de minha escolha.

CAPÍTULO 21

NUMA TARDE, DEPOIS DE TRABALHAR no detalhamento do plano da fundação, suspirei em voz alta:

– Estou me sentindo cada vez mais cansado!

– Mas, pai, por que o senhor continua insistindo em dar palestras e em ficar nessa "escreveção" toda?

– Bruninha, isso não me cansa. Ao contrário, resgata as minhas forças.

– Pai, por que não vamos à praia em julho?

– Wagner, estou exausto e já me despedi da praia.

– Não é isso, velho.

– Se quiser mesmo ir, vá com seu tio.

– Posso? E se você morrer enquanto eu estiver viajando?

– É só voltar para dar a mão a seus irmãos e à sua mãe e participar da cerimônia. Gostaria que todos vocês estivessem juntos nessa hora.

– Pára com isso, pai! Não agüento nem pensar. Sinto até uma dor no peito!

Abracei João Ricardo e os outros se juntaram a nós.

– Tudo bem. Vamos parar com esse assunto. Mas, na próxima reunião, gostaria de fazer uma gravação com vocês. Ana vai fazer a filmagem. Ela é um talento com a filmadora na mão.

– Para que isso, pai? – questionou Sarinha.

– Para guardar de lembrança.

– Legal, velho – concordou Wagner.

Débora, que até então apenas observava o movimento, interrompeu:

– Rô, gostaria de uma gravação só de nós dois.

– Transmissão de pensamento, querida. Você será a minha artista predileta e eu serei apenas o coadjuvante.

– Bobão! – ela deixou escapar, sorrindo deliciosamente.

CAPÍTULO 22

DÉBORA E EU ESCOLHEMOS RIO ACIMA como cenário de nosso filme. As cachoeiras, o canto das águas, a trilha ecológica, a mata do Jambreiro comporiam o ambiente ideal para o vídeo.

Ana nos acompanhou e gravou "externas" das quatro cachoeiras, do lago, da mata e da nascente do rio Mingu.

Débora e eu passeamos de mãos dadas e nem nos lembramos da câmera registrando cada passo nosso. Subimos até a sede do clube e sentamos em uma das mesas que nos proporcionava uma vista linda, uma visão geral do condomínio. Dali podíamos escutar o "canto das águas". Com muita naturalidade, comecei a falar:

– Debinha, você é e sempre será uma das minhas musas, o sonho impossível que realizei. Sua beleza e sua força sempre me acompanharam, e devo a você grande parte do meu aprendizado. Sou do tipo sonhador, imaginativo, empreendedor, "artista" demais. Acabei sobrecarregando você com o mundo das coisas. Esse meu jeito bagunceiro, protelador, desorganizado, pouco atento aos detalhes sempre pesou para o seu lado. Jamais me esquecerei de suas "broncas" por causa de canetas, chaves, pulseiras e camisas perdidas "não sei onde nem quando". Sua paciência em sempre me lembrar, impaciente, compromissos que eu esquecia e horários que nunca cumpria. Graças a você, aprendi que tanta imaginação e intenção jamais teriam validade se não houvesse ação. Companheira eternamente pronta a defender a mim e as crianças, atenta demais às obrigações e aos deveres. Convenhamos: contribuí para que você aprendesse um pouco da arte da "bagunça", do relaxamento, da flexibilidade.

– Um pouco, não. Muito! – interrompeu Débora.

Ri, divertido.

– Sabe, Débora, acho o casamento uma coisa complicada: histórias diferentes, hábitos diferentes, temperamentos diferentes, filhos diferentes. Ufa! Se for para defender cada diferença, o caos se instala. Nós dois somos tão diferentes! Só nos mantivemos casados porque amadurecemos o suficiente para transformar as diferenças em somatório, individualidade em uma relação, responsabilidade em comunhão. Temos virtudes e defeitos, mas procuramos nos entender e partilhar nossa vivência. Sinto que somos bons pais de quatro filhos também diferentes, cada um com suas próprias aspirações, seus objetivos e sua percepção individual do mundo. Soubemos até então entendê-los e nos fazer entender. Cada um "é artesão de seu mundo". Nosso empenho é fornecer matérias-primas e dizer a eles "Deus lhe abençoe" e "seja feliz" a cada empreitada sua na vida. Não nos cabe interferir em suas decisões quanto a profissão, escolha de parceiros ou de amigos. Mas nos cabe alertar, aconselhar, ampliar seus horizontes, para que exerçam com sabedoria seu livre-arbítrio em cada momento de escolha. Dizer a eles que sigam suas intuições e se responsabilizem por seus atos. Acredito na família como uma grande célula que irá se multiplicar e resgatar valores imprescindíveis, perdidos nesse mundo moderno e "sem tempo" onde não há tranqüilidade para observar a natureza a nos inspirar o belo.

– Rô, haverei de repassar eternamente essa fita.

– Pronto! Está resolvida a questão da eternidade. Embora eu seja um crítico ferrenho do avanço tecnológico, rendo-me e dou boas-vindas à tecnologia que me emoldura no tempo e no espaço.

Daqui a 20 anos Débora ainda me terá, um pouco desbotado e usado, mas no auge dos 41 anos.

– E eu com 60!

– Bonita e elegante como sempre.

– Aos seus olhos, Rô. Sabe, você é tudo o que eu queria. Talvez o ideal fosse alguém menos bagunceiro e "mão-aberta", mas isso seria pedir demais! Você me ensinou a reconhecer meu jeito obsessivo, agressivo, até. Gostaria de ser menos preocupada, menos apegada e perfeccionista e menos inibida afetivamente.

– Filha, você já melhorou muito, mas temperamento é coisa inata.

– Eu sei, mas gostaria de encarar sua morte de outra forma. Tento e não me conformo. Ao mesmo tempo, arrependo-me e culpo-me por pegar tanto no seu pé por ciúme, possessividade e desconfiança. Mas, quando vejo, lá estou eu exigindo, xingando. Não está em mim...

– Debinha, eu queria que você não sofresse tanto assim! Você é muito exigente com você mesma. Nós somos atingidos por tabela. Quantas vezes lhe disse: erre! Não dê conta! Atrase! Deixe sujo! Não arrume! Relaxe! Seja uma mãe menos burocrática, embora reconheça quão boa você é para os meninos. Curta as crianças independentemente da bagunça delas. Busque o prazer e não se culpe, não se angustie nem sofra por antecipação! Como diria a mamãe...

– "Tudo tende a uma solução" – repetiu Débora, com ar incrédulo. – Eu tento, Rô!

– E já está conseguindo muita coisa.

– Rô, eu te amo!

– Eu também, Débora!

Então nos beijamos terna e prolongadamente e até nos esquecemos de que uma constrangida Ana nos filmava.

Conversamos por muito tempo sobre vida e eternidade. Prometi que manteria contato através dos sonhos. Detalhei minhas experiências com sonhos e minha tese de que sonhar é ter uma consciência periférica, em que "os mortos mantêm contato".

Descrevi as experiências que têm sido feitas e registros que admitem a existência de níveis periféricos de consciência, só atingidos com meditação profunda, uso de drogas, psicoses ou durante o sonho, fase do sono em que os olhos se movem rapidamente (sono REM).

Nesses estágios de consciência modificados há uma quebra de tempo e espaço e nossa lógica da vida desperta, ou "consciente", é totalmente contrariada. Fenômenos estranhos, imagens e até mensagens são transmitidos por meio de vivências extra-sensoriais incríveis.

Relembrei sonhos que tive com minha mãe e como eles me ajudaram a pesquisar e crer na eternidade, por meio de claras e ricas passagens, abrindo janelas entre as duas dimensões: vida na Terra e vida na eternidade. Relembrei o sonho do velho do cajado, exemplo fantástico de sonho diferente e edificante.

Nessa noite nos amamos como jamais havíamos feito. Iniciamos o dia no mirante do bairro Mangabeiras, vendo o Sol nascer.

....

Então nos beijamos terna e prolongadamente e até nos esquecemos de que uma constrangida Ana nos filmava.

....

CAPÍTULO 23

OS DIAS CORRIAM RÁPIDO E, por duas vezes, tive de me internar por causa de crises blásticas e do aumento de volume do baço e do fígado.

A idéia de gravarmos um vídeo em família esbarrava nas atividades escolares e na falta de consenso quanto ao lugar e o dia da gravação. Após minha última internação, Bruna sugeriu:

– Pai, vamos a João Pessoa. O senhor sempre diz que lá é um de seus "lugares mágicos".

– Puxa vida, vocês têm cada idéia! Estou caindo pelas tabelas...

– Vamos, pai! – sentenciou Sarinha, com suas covinhas salientes.

Liguei para JR, que colocou mil objeções, mas rendeu-se diante de meu único argumento: eu iria de qualquer maneira!

Embarcamos numa quinta-feira – a família e Ana que, a essa altura, já era de casa.

Rever João Pessoa após tantos anos provocou em mim uma forte emoção. A viagem foi duríssima, com escalas em todas as capitais nordestinas abaixo da Paraíba. Ficamos perto de Cabo Verde, minha região predileta. O hotel, embora antigo e com uma conservação que deixava a desejar, fez-me sentir as mesmas emoções do passado. O mar, a piscina e os coqueiros preservaram minhas memórias de outro tempo, em que ainda era um adolescente descobrindo o mundo, as paixões, as aventuras...

Os meninos se esbaldavam e sugeriram que a primeira gravação fosse feita à noite, para lembrar o que eu sempre dizia: "Olhem para o céu, para as estrelas, para a Lua, e sintam-se parte desse universo."

João continuou me imitando:

– "Respirem fundo e pensem que os nossos 'grandes problemas' são insignificantes diante da imensidão da vida e de Deus."

À noite, uma belíssima Lua em quarto crescente nos brindou com uma noite inesquecível.

– Meus filhos, acima de nós está o brilho de trilhões de estrelas... E pensar que grande parte delas já não existe mais! Eram grandes sóis que explodiram e terminaram sua trajetória, como reatores que engolem hidrogênio e cospem hélio, produzindo luz, calor e vida. A presença dessa luz e desse brilho perpetuados explica, com clareza, a maior das funções da matéria: eternizar-se em luz e "viajar" pelo universo afora.

Parei um pouco e recomecei com minhas analogias e metáforas, para que as crianças entendessem minha mensagem:

– Este "Sol" chamado Rodrigo Baxkim está vivendo a etapa final de sua existência material. Gerador de energia, finalmente haverá de dar o último suspiro e então ressuscitará como luz eterna. Escolham uma dessas estrelas e a adotem como sendo semelhante à minha existência. A cada noite de céu estrelado e com a Lua em quarto crescente, façam uma oração e, em sonho, haverei de me fazer presente para que vocês nunca duvidem da eternidade. E, quando assistirem a esta fita, reflitam sobre os seguintes pontos de vista, resultado de anos que passei tentando entender as pessoas, a natureza e Deus: 1. Não há vida nem morte. 2. Não há começo nem fim. 3. Existe eternidade. 4. Somos duais: simultaneamente, matéria e energia, cérebro e mente, corpo e alma. 5. O tempo é uma criação psicológica dos seres humanos que só existe para eles. Animais, pessoas com esclerose ou demência senil, crianças até determinada idade, psicóticos, ocidentais drogados ou orientais em meditação não vivenciam o "nosso tempo". Na verdade, o tempo não deveria ser um conceito, e sim uma dimensão. 6. A realidade é o "pensamento": sou o que julgo ser. As coisas são o que penso, ainda que com distorções de imagem por causa de preconceitos ou de uma percepção limitada da natureza. Pensar é igual a agir. Ao pensar, crio uma realidade processada pelo cérebro que, por sua vez, procura se adaptar a essa realidade, mesmo que ela seja apenas fruto da imaginação.

– Nossa, pai! Tá muito complicado!

– Na verdade, vocês ainda são novos, e estou dizendo coisas que, daqui a 10 ou 20 anos, vocês poderão rever, ponderar e compreender.

– Pai, a coisa mais difícil para mim é a sua afirmação de que "não existe vida nem morte, começo nem fim". Você está no fim, morrendo, e eu odeio pensar nisso!

Para minha surpresa, foi o Wagner quem falou. Logo ele que, normalmente, é tão indiferente e egocêntrico! Sua manifestação me induziu a usar uma fórmula que denomino "transmutadora de energia X matéria", ou a Teoria da Relatividade de Einstein.

– Preste atenção! Ana, dê um close nas três letras que vou anotar nesta folha. Meninos, somente a Bruna tem condições, hoje, de um entendimento pleno do que vou escrever. Quando vocês estiverem no ensino médio, haverão de estudar esta fórmula. Hoje, não nos cabe decorá-la, mas entendê-la.

Escrevi no papel $E = mc^2$ e expliquei:

– E, energia; m, massa; c^2, a velocidade da luz ao quadrado. Imaginem que a velocidade da luz é de 300 mil quilômetros por segundo.

– Uau! Que coisa veloz! – espantou-se João Ricardo.

– Para vocês terem uma idéia, um raio de luz que o Sol emite neste momento, viajando a essa velocidade, demorará oito minutos para chegar à Terra.

– Puxa! Já imaginou se houvesse uma nave que viajasse na velocidade da luz? – observou Wagner pensativo.

– Ótima dica, filhão. Vamos supor que o Wagner fosse piloto dessa nave. Para ele, o tempo não passaria. Enquanto isso, nós aqui da nave Terra, que viaja bem mais devagar, envelheceríamos.

– Pai, dependendo da viagem que o Wagner fizesse, o que aconteceria com o restante de nós, que ficamos aqui? – inquiriu Bruna curiosa e atenta.

– Como disse, teríamos envelhecido ou morrido há muito tempo! – esclareci.

– Que é isso, velho?! Que sacação é essa? – protestou, incrédulo, Wagner.

– É isso mesmo. Esse gênio chamado Einstein nos deu prova de que a noção de tempo e espaço usada no nosso dia-a-dia é totalmente ilusória. Na verdade, somos duais: energia e matéria. E tudo vai depender do ponto de vista do observador. Da perspectiva da minha porção "matéria", sou prisioneiro do tempo e do espaço, separando o passado, o presente e o futuro. Vivo "adaptado" ao meu tempo. Por exemplo, nasci no século XX, no Brasil, e coleciono fatos históricos: isso foi há 200 anos, aquilo há 20 dias, etc. Mas, se pudesse me conscientizar da minha porção "energia", as leis, os fatos, a "realidade", enfim, seria outra: o tempo se fundiria com o espaço, criando um universo totalmente diferente. Nesse universo haveria a eternidade, o começo não seria distinguível do fim. A vida seria um evento energético, contínuo, sem o antes nem o depois.

– Nossa, pai, isso é complicado, hein! – protestou a Sarinha.

– Filha, um dia você terá condição de entender tudo isso. Reveja, então, este nosso vídeo. No momento, procure compreender todas as matérias da escola como forma de desvendar o universo. É muito bonito. Voltemos à fórmula $E = mc^2$. Tentei traduzi-la em vida: *E*, energia, onda, mente, pensamento, afeto, ação, coletivo, alma, espírito, abstrato, "morte"; *m*, massa, matéria, partícula, corpo, cérebro, indivíduo, "vida"; c^2, velocidade da luz ao quadrado, uma constante não-variável. Agora, já que c^2 não muda, o que varia na fórmula?

– *E* e *m*! Mas, pai, na fórmula, *E* é igual a *m*?

– Isso mesmo! Energia e matéria são uma coisa só, depende apenas da aceleração, da velocidade a que são submetidas.

– Quer dizer que matéria vira energia e energia vira matéria? – indagou, intrigada, Bruna.

– Foi o que Einstein provou. Há mais ou menos 50 anos, achava-se que toda onda era energia e não tinha matéria. E que a matéria era formada de partículas e jamais teria características de ondas, ondas de luz, de rádio, etc. Mas, por meio da fórmula, Einstein provou que a luz, como tudo o mais, é dual, ou seja, em determinadas condições de observação, a luz é onda e energia, mas também é formada de partículas chamadas fótons, que têm propriedades de matéria. Foi um fuzuê danado na época e ele foi considerado louco. Mas, quando houve um eclipse do Sol e, pela primeira vez, foi constatado que a luz solar era desviada ao passar pelo campo de gravidade dos planetas Mercúrio, Vênus, etc., provou-se que a luz é ao mesmo tempo onda e partícula.

– A lei da gravidade só age sobre partículas e matérias! – completou Bruna. – Se a luz desviou-se, é porque havia matéria nela!

– Agora lembrem-se: chamei de vida a parte material e de alma, ou "morte", a parte energética. Falei que *m* era cérebro e *E* era mente. Provamos depois que $E = m$.

– Não há vida nem morte, e sim eternidade. Saquei, velho! – acrescentou Wagner, radiante.

– Minha porção matéria está se transmutando em energia, mas continuarei ligado a vocês.

– Afeto é energia atrativa, né, paizão? – interferiu João.

– A pessoa de quem a gente gosta sempre estará próxima.

Os comentários das crianças me fizeram sentir uma vibração e fui percebendo como foi importante priorizar minha relação com meus filhos. Eles captavam tudo e participavam mais do que eu poderia imaginar.

– Sonhem e se conectem comigo. De vez em quando darei belos "toques" através de belos sonhos.

– Pai, e o meu sonho do bebê e do velho?

– Antes de nossa conversa, você foi "avisado", filhão. Isso aconteceu por causa de sua sensibilidade. É um dom que você tem e deve ser cultivado com sabedoria.

– Tem algum macete para se ter esses sonhos, velho?

– Wagner, você é muito folgado! A dica é a seguinte: desapego e amor! Estar de bem com a vida, em harmonia com a natureza. Estou escrevendo uma biografia. Ela começa com a constatação de minha doença. Estou documentando tudo de maneira que, ao tratar de vida e de morte, termine chegando à eternidade. Nesse livro, quero abordar alguns assuntos, como drogas, sexo, casamento, relação entre pais e filhos, escolha da profissão... Vamos conversar sobre tudo isso depois.

– Ô, pai, o senhor adora uma polêmica, né?

– Sabe, Bruna, eu vejo isso de forma tão simples e natural que, em minhas palestras, respondo a perguntas "supercabeludas" com absoluta tranqüilidade.

Virei-me para Ana e disse:

– Gostaria que você registrasse separadamente as minhas falas, intercalando com paisagens de João Pessoa, está bem?

– O.k.! Estou sempre usando o *zoom* e abrindo o campo de visão quando os meninos entram na discussão.

Eu já estava cansado.

– Moçada! Hora de dormir. Amanhã vamos debater os temas polêmicos.

CAPÍTULO 24

NÃO DORMI À NOITE, COM dores insuportáveis e uma forte diarréia. Às 4h40 eu já estava na praia de Manaíra, vendo o Sol nascer e acompanhando o movimento dos pescadores. Estava moído, mas determinado a prosseguir. A turma só chegou à praia às 9h e, dessa vez, Débora resolveu nos acompanhar. Estava linda com seu biquíni novo.

Caminhamos sempre seguidos por Ana, que também madrugava e vinha com sua inseparável câmera. Paramos entre Tambaú e o Iate Clube e nos sentamos num bar ainda não aberto.

– Aqui está legal – propus. – Ana, dê um close em Bruna, Sara e os meninos!

Bruna estava linda. Um corpo maravilhoso, já começando a ficar bronzeado. Sara, aos 10 anos, também chamava atenção. Os meninos, altos e encorpados, eram o protótipo da geração saúde. Fui direto aos "temas polêmicos":

– Meus filhos, vocês logo começarão a ter tesão, sentir impulsos ligados à sexualidade.

Percebi que eles ficaram um pouco envergonhados.

– Tubo bem, gente. Sexo não é pecado, sempre dissemos isso! Mas não se esqueçam: qualquer animal já nasce sabendo copular! Os seres humanos são os únicos que podem associar o sexo ao amor, não apenas ao instinto. Podemos vincular o sexo ao respeito, ao desejo, como algo a ser merecido. Na minha visão, quando vamos para a cama com alguém, é porque houve um enredo antes. Formou-se uma relação de confiança e o sexo é o resultado, a conseqüência dessa história. Sexo responsável, sem culpa, ansiedade, medo, angústia ou insegurança. Só assim se tem prazer!

A vergonha dos meninos ia cedendo lugar a olhares interessados.

– O prazer é essencial na relação entre as pessoas. Mas as meninas devem estar mais atentas, pois a mulher deve resgatar seu papel: ser seletiva e escolher um parceiro que esteja apto a propor uma relação estável e duradoura. Lembrem-se, Sara e Bruna: Deus deu às mulheres a maior e mais bela das tarefas, a maternidade! Aprendam, portanto, que a sexualidade é um instinto e a maternidade, uma dádiva. Para que possam ter tranqüilidade, conversem comigo ou com sua mãe. Saibam evitar uma busca precoce, errada e instintiva de sexo, que as leve a uma maternidade não desejada. A natureza é uma grande professora. Ela nos ensina que existe hora para tudo. Do mesmo modo que colher manga verde e comê-la dá piriri, deixar apodrecer também faz mal. Existe um momento ideal, em que o fruto cai na mão, maduro e saboroso, e que nos faz bem. O corpo da mulher é como esse fruto. Saibam usá-lo com sabedoria. Tenho visto meninas de 11, 12 e 17 anos com sérios problemas de frigidez, grávidas precocemente, frustradas sexualmente ou com distorções no plano sexual. Sexo não é prólogo, mas epílogo.

Virei-me para dizer a todos:

– O desejo e a atração imediatos, entre pessoas que não têm intimidade, resultam em prazer insatisfatório e aversão. No dia seguinte, após satisfeito o desejo, as pessoas não conseguem sequer se olhar. Sentem culpa, vergonha e até antipatia. É por isso que não apóio essa mania da juventude atual de "ficar" ou de ter um "rolo".

As meninas me acompanhavam atentamente e foi Bruna quem primeiro se manifestou:

– Fantástico, pai! Acho que minha geração está mesmo sem rumo, parecendo um animal que, só de encontrar, já quer transar, e depois foge das responsabilidades, da cumplicidade. O pior de tudo é que ninguém está feliz e acho que, no fundo, todos querem o romantismo, o namoro e a relação estável.

....

Deus deu às mulheres
a maior e mais bela das tarefas, a maternidade!

....

– Mais que isso. O natural é buscar o sexo com afeto e respeito. Vocês, mulheres, têm a obrigação de resgatar isso, pois, se houve avanço, ele aconteceu de três gerações para cá, com a mulher passando a competir de igual para igual, no trabalho fora de casa e na sexualidade. Só que a mulher está se nivelando por baixo: o homem, com tanta facilidade e pela sua própria origem predadora e voraz, vive trocando de parceira, sem assumir a relação e não dando o devido valor às mulheres.

– Boa essa, velho! – aprovou Bruna.

– Eu já não concordo – cortou Wagner. – Deu "mole", elas vêm mesmo, e eu vou lá "negar fogo"?

– Wagner, nós, homens, somos vorazes e instintivos, mas nos falta sensibilidade, afetividade e intuição. Eu, em particular, não vejo nenhum problema na masturbação. Quando a energia sexual aumenta, mesmo em sonho a gente goza. Lembrem-se: pensar é igual a agir. A mente pensa, imagina, e o corpo responde com o orgasmo, o gozo. Vejo a masturbação como uma manifestação da natureza, apesar de ser erroneamente condenada por questões religiosas, familiares e culturais. O que é natural é de Deus. Se os machos são tão vorazes, é preciso equilibrar a energia sexual com a masturbação. Com isso, evita-se "masturbar-se numa fêmea" e engravidá-la numa relação sem amor, sem respeito e sem futuro.

Hoje, a ansiedade de querer tudo ao mesmo tempo nos leva a ter relações artificiais e insatisfatórias. Faltam a amizade, a confiança, a intimidade, o amor, que só aparecem com o aprofundamento das relações. Nunca se esqueçam de que na vida temos de fazer escolhas. E isso significa que, quando "escolhemos" alguém, estamos simultaneamente "renunciando" a todas as outras opções. Isso requer sabedoria e maturidade. Infelizmente, vivemos numa época de excesso de informação, excesso de opções e pouca maturidade. Temos tudo à nossa volta e não desfrutamos nada, por "falta" de tempo ou de paz interior.

– Pô, pai, então o senhor quer transformar tesão em pecado?

– Ao contrário. Todos nós temos tesão, mas um dia vocês conhecerão outras formas de prazer: a vida social, os esportes, as artes, etc. Vocês devem se lembrar de que tudo na vida, no universo, é formado de opostos que se complementam: macho e fêmea, positivo e negativo, luz e escuridão, corpo e alma, matéria e energia. Entender a vida é compreender, e compreender é trocar de lado, é ter sensibilidade para sermos menos radicais e imaturos. Devo muito de minha evolução ao contato com as mulheres, a minha mãe, minhas pacientes, amigas, sua mãe, Bruna e Sara. Elas me ensinaram o afeto, a sensibilidade, a intuição e a persistência. Só assim pude construir com humanidade minha existência.

Dirigi-me ao Wagner e ao João especialmente:

– É com orgulho que deixo a vocês minha herança como homem. Tive pouquíssimas mulheres em minha vida sexual. Mas todas elas foram altamente significativas. Sempre "fui para a cama" apenas com aquelas por quem um dia me apaixonei, que respeitei e com as quais senti que havia criado uma história. O sexo não era uma busca, mas a conseqüência daquela história.

– Bonito, pai, jamais haverei de esquecer isso! – reforçou Bruna.

– Nem eu, pai! – apoiou Sara, ainda no início de suas alterações hormonais.

– Eu também, pai. Vou procurar ser um parceiro, não um predador! – declarou João Ricardo.

Wagner foi mais maroto em seu parecer:

– Sei não...

– A escolha é de vocês. Só estou colocando pontos que devem ser pensados, mas cada um é agente de si mesmo.

– E esse lance da droga, hein, velho?

Engraçado, eu tinha um feeling de que o Wagner, em sua imaturidade, tinha mais do que simples curiosidade. Para mim, ele tinha uma forte atração pelas drogas.

– Primeiro, deixem-me definir o que é droga. Droga é tudo aquilo que, penetrando no cérebro, tem efeito tóxico sobre os neurônios, causa dependência e é capaz de provocar modificações no comportamento, na percepção sensorial, alterando o juízo da realidade, causando alucinação e delírio. Um exemplo disso é a mania de perseguição.

– Cocaína, maconha, xarope, LSD, né, velho?

– Há muitas outras drogas, meu filho. Bebida alcoólica é droga, assim como cafeína, presente no café, no chocolate, nos derivados do cacau, nos refrigerantes, no chá-mate; cogumelo é droga, bem como tranqüilizantes, quando usados de forma abusiva, anfetaminas ou remédios para emagrecer, guaraná em pó, ginseng, cigarro...

– Que é isso, pai?

– É isso mesmo! A sociedade é permissiva com alguns vícios por questões históricas, interesses econômicos ou por achar que "coisas da natureza", como o guaraná em pó, são inofensivas. O que adianta um pai que bebe, ou, como vocês dizem, "toma todas", reclamar do filho que consome maconha? Um drogado falando do outro!

– Maconha não faz tão mal assim, né, pai? – interessou-se o Wagner.

– Filho, o uso da maconha diariamente produz, ao final de

dois anos, uma perda de 30% das funções cognitivas, isto é, do raciocínio abstrato, da memória, da concentração. A pessoa se torna 30% mais incapaz!

– Puxa!

– Penso que o abuso de drogas é proporcional ao alto grau de insatisfação que reina no mundo de hoje. A humanidade, para "anestesiar" o desprazer, tem recorrido a coisas que dão um prazer artificial, perpetuando relações deterioradas na família, na sociedade e no trabalho. É a decadência da civilização moderna e tecnológica, ruindo rapidamente em meio à corrupção, ao egoísmo, à inveja, num mundo de desconfianças, medos, inseguranças e culpas. As bases sociais, religiosas, políticas e econômicas estão indo por água abaixo. Acabou-se o comunismo. O fim do capitalismo está próximo. Há de surgir uma variável mais eficiente. O capitalismo se perdeu em valorizar a esperteza, o lado material, o poder do dinheiro, o individual, o ter, o juntar. Tudo isso em detrimento do ser, da competência, do coletivo, do talento, da divisão, da generosidade em busca de um mundo justo, cooperativo, solidário. Cabe a vocês lutar com idéias, projetos, sonhos, realizações, bons exemplos para mudar essa realidade. Cabe a vocês buscar líderes verdadeiros. Só assim o mundo terá de volta a luz, a justiça, o merecimento e a paz. O mundo com que eu sonho para vocês, para meus futuros netos e para todos aqueles que um dia ainda existirão.

– Que pena que o senhor não estará vivo, paizão!

– Estarei, sim, ao lado de todos vocês. Mais até do que vocês possam imaginar. Penso que, se todos os seres humanos pudessem passar por minha experiência, partilhar o que é eternidade, entender que estamos ligados a tudo e a Deus, à natureza e ao universo, não seríamos tão medíocres, escravos de uma realidade ilusória, pequena e mesquinha, acreditando que a vida é o espaço de tempo limitado pelo nascimento e pela morte.

Falamos sobre profissão, concluindo que para ser feliz é necessário identificar a área de talento, de "facilidade". Esta é a melhor definição para a palavra dom: "fazer com facilidade e de forma prazerosa aquilo que as outras pessoas têm grande dificuldade em fazer ou fazem com desprazer e por obrigação".

Aconselhei, ainda, que jamais optassem por uma carreira em função do mercado de trabalho, da melhor renda, pois seriam infelizes, embora bem remunerados. Odiariam o dia-a-dia, escravizados pela mediocridade, e se sentiriam numa prisão perpétua de obrigações e deveres, em detrimento do prazer, a "melhor bateria da vida".

– Lembrem-se de que o dinheiro é conseqüência de uma vida saudável, do talento, e nunca a motivação e o objetivo maior na vida. O dinheiro muitas vezes promove os vícios, como a droga e o sexo. Não adianta ter dinheiro se você não pode usufruí-lo, escondendo-se atrás de altos muros, atrás de guarda-costas, com medo de roubo e seqüestro. Isso é prisão domiciliar perpétua, com a perda do maior tesouro da vida: a liberdade de ir e vir, de estar em comunhão com a natureza e com Deus!

Continuei com meus conselhos "financeiros":

– Conciliem patrimônio com prazer. Quem só busca o prazer poderá um dia deparar-se com a necessidade, com a ausência de patrimônio. Por outro lado, quem só visa ao patrimônio nunca terá prazer na vida. A virtude está no meio, no equilíbrio!

– Pai, e como o senhor vê a religião? – argüiu Bruna.

– A fé é uma necessidade de todo ser humano. Todos nós temos essa reserva de energia espiritual que nos sustenta e nos ajuda a superar tudo nesta vida. A falta de fé da juventude é um dos grandes problemas da atualidade. Falta de fé na política, na sociedade, na família, na ciência, em nossos semelhantes. E, principalmente, falta de fé na religiosidade, que é uma necessidade ontológica. Crer em Deus é crucial. Não em um Deus punitivo, rigoroso, como de modo geral tentam mostrar. Mas um Deus generoso, misericordioso, sábio e luminoso, associado a tudo que é natural e autor de todas as leis que regem o universo micro e macroscópico. Um Deus que se faz lógico e é traduzido em números e fórmulas matemáticas, físicas, químicas, para saciar o ceticismo de cientistas imaturos. Ou, ainda, o Deus de diferentes religiões. "Muitos são os caminhos. Única a chegada: Deus!" Meu caminho não é o melhor nem o único. É simplesmente o meu caminho. Por isso respeito todos os outros caminhos e sei que a fé é uma energia única em todo ser, uma força transformadora, curativa, enriquecedora, fonte de paz, de sabedoria e de amor.

– Pai, e o casamento? – perguntou João Ricardo.

– Ufa! Vocês não dão trégua! Lembram-se do que falei sobre decisão? Decidir é escolher, e escolher é também renunciar ao que não foi escolhido. Casar ou acasalar é da natureza. Macho e fêmea. Mas os seres humanos se casam para dar aos filhos um bom ambiente, experiências e segurança, de forma que cada geração seja melhor que a anterior. Só que as pessoas têm sido imaturas, principalmente na hora da escolha. Casam-se por interesse, entusiasmo, impulso ou então motivadas pela paixão. Com isso, não conseguem sustentar o casamento, transformando-o em guerra, inimizade e desprazer. Lembrem-se de que a paixão é finita e toda decisão que é fruto dela corre o risco de dar errado. A paixão, quando acaba, pode resultar em uma destas três alternativas: se se transforma em amor, é ótimo; se acaba, dando lugar à indiferença, com as pessoas apenas se suportando, mantendo vidas individuais e somente coabitando o mesmo espaço, é ruim; se acaba e, em seu lugar, surge a aversão, a antipatia, é terrível. Aí é guerra na certa. É competição e inimizade. Cuidado ao escolherem parceiros ou profissões motivados pela paixão: corre-se o risco de transformar a existência num inferno.

– Puxa, velho, dá até medo! – resmungou Wagner.

– Não é isso, filho. Mas, se o processo de escolha for motivado por interesse finito, o relacionamento torna-se uma coisa complicada. Por exemplo: você escolhe uma menina, se apaixona por ela porque é bonita, atraente, etc. Um dia ela envelhece e perde a beleza e o charme. O que restará? Só o amor sobrevive aos interesses e às paixões.

Continuamos conversando durante horas e horas, partilhando, crescendo juntos. Ao voltarmos para casa é que percebi a importância daquela viagem: meu canto do cisne!

CAPÍTULO 25

VOLTAMOS PARA BELO HORIZONTE. Eu piorava de forma irreversível.

Hoje, 10 de setembro, estou terminado minha biografia. Não tenho mais vitalidade e meu sofrimento físico chega a interferir em cada gesto que faço.

Nesta madrugada, acordei chorando de emoção por causa de um sonho, um sonho-realidade, uma janela aberta para outra dimensão.

Essa janela abriu-me um cenário já conhecido: árvores altas, entrelaçadas por resíduos de névoa, margeando o caminho; raios de sol marchetando a vegetação cerrada e frestas de um céu muito azul esgueirando-se por entre galhos e folhas. No ar, a melodia de pássaros cantores. Eu caminhava flutuando, embevecido, atraído por aquela luz azulada a distância. Foi então que notei a presença de uma senhora, de aparência terna e doce. Cabelos brancos, um sorriso no olhar, estava sentada numa pedra, com o corpo levemente apoiado numa bengala, acenando-me com ternura:

– Bem-vindo à vida, à verdadeira vida, meu filho! Aqui não existe nem o antes nem o depois, apenas a paz, o amor e a luz, numa clara manifestação de Deus.

Corri para abraçá-la, mas acordei.

Sinto que é chegada a hora. Devo concluir minha biografia. Obrigado, meu Deus, pela vida!

Aos meus filhos, à minha esposa, aos amigos e pacientes.

Àqueles que me conheceram em palestras, encontros ou assistiram a meus vídeos, àqueles que buscam Deus, a luz e o amor genuíno por seus semelhantes, dedico esse meu relato. Nunca se esqueçam de que a vida é uma dádiva, o maior dos milagres!

Rodrigo Baxkim
10/9/1994

....

– Bem-vindo à vida, à verdadeira vida, meu filho!
Aqui não existe nem o antes nem o depois, apenas a paz,
o amor e a luz, numa clara manifestação de Deus.

....

FINAL

22 DE SETEMBRO DE 1994

Às 18h20 de hoje meu pai faleceu. A despedida foi feita de acordo com seu desejo. Ele queria uma cerimônia alegre e significativa. Na primeira parte, assistimos, de mãos dadas, à cremação de seu corpo. Lembrei-me de nossas conversas e de suas palavras sobre a transformação da matéria em carbono, um retorno à natureza.

Com parte de suas cinzas, plantamos um ipê-roxo, símbolo da eternidade e ligação entre o ser humano e a natureza. Enquanto isso, num telão, reproduzimos sua imagem e sua fala sobre eternidade, luz e Deus.

Peguei o violão e toquei um de seus solos preferidos. João Ricardo aproximou-se da urna com as cinzas e leu emocionado a letra da música de que papai mais gostava. Era uma versão de "O homem de La Mancha":

"Sonhar mais um sonho impossível
Lutar quando é fácil ceder
Vencer o inimigo invencível
Negar quando a regra é vender

Sofrer a tortura implacável
Romper a incabível prisão
Voar num limite improvável
Tocar o inacessível chão
É minha lei
É minha questão
Virar este mundo
Cravar este chão
Não me importa saber
Se é terrível demais
Quantas guerras terei de vencer
Por um pouco de paz
E se amanhã
Esse chão que eu beijei
For meu leito e perdão
Vou saber que valeu
Delirar e morrer de paixão
E assim
Seja lá como for
Vai ter fim a infinita aflição
E o mundo vai ver uma flor
Brotar do impossível chão."

Mamãe nos olhava. Procurava manter-se calma; mas, de vez em quando, uma lágrima rolava em sua face.

Parte das cinzas foi atirada ao vento, do alto de uma montanha. O restante, guardado numa urna, será lançado no mar, conforme o desejo de papai.

Ao voltarmos para casa, nos reunimos na sala, como sempre, na hora dos encontros familiares. A presença de meu pai era forte, muito forte. Mamãe levantou-se e foi buscar o álbum de fotografias do último aniversário da Sara. Estávamos apreciando uma de suas fotos quando um envelope caiu.

Mamãe abriu-o e, numa folha datilografada, papai descrevia a fundação de seus sonhos. De forma detalhada, ele deixou traçado todo o plano para a execução da obra.

Quando mamãe terminou a leitura, como se tivéssemos combinado, nós quatro nos levantamos e, abraçados, anunciamos:

– Hoje, 22 de setembro de 1994, prometemos ao Dr. Rodrigo Baxkim, nosso querido pai, levar adiante seu sonho. Teremos força para realizá-lo, pois o sentimos perto de nós.

Mamãe nos abraçou. Um cheiro de ipê invadiu a sala.

Cheguei à janela e olhei o céu estrelado. Sara e João Ricardo estavam ao meu lado. Mamãe e Wagner foram se aproximando.

Uma estrela brilhou mais forte no infinito...

Do diário de Bruna Baxkim

SOBRE O AUTOR

FORMADO EM MEDICINA PELA UFMG em 1982, Eduardo Andrade Aquino é psiquiatra, neurocientista, psicoterapeuta e membro da Associação Americana de Neurofisiologia Cerebral e da Academia de Psiquiatria de Nova York. Fundou o Núcleo de Neurociências em Belo Horizonte, atuando como diretor clínico no período de 1990 a 1994. Por cinco anos, foi o representante, no Brasil, do HZI Research Center of New York, conceituado centro de pesquisas norte-americano.

Aquino é palestrante requisitado em todo o país, ministrando seminários sobre o comportamento e o psiquismo humano, o bem-estar e os danos causados pelo estresse.

Casado e pai de seis filhos, ele é autor de oito livros, incluindo obras voltadas para jovens e adultos. Ele criou diversos projetos para o terceiro setor, cujo objetivo é valorizar a educação, a saúde, a cultura e a preservação ambiental.

É fundador da Associação Natureza Viva, que desenvolve projetos sociais e ecológicos nas cidades de Rio Acima e Itabirito, na região metropolitana de Belo Horizonte.

CONHEÇA OUTROS TÍTULOS DA EDITORA SEXTANTE

A ÚLTIMA GRANDE LIÇÃO
Mitch Albom

Cada um de nós teve na juventude uma figura especial que, com paciência, afeto e sabedoria, nos ajudou a escolher caminhos e olhar o mundo por uma perspectiva diferente. Talvez tenha sido um avô, um professor ou um amigo da família – uma pessoa mais velha que nos compreendeu quando éramos jovens, inquietos e inseguros.

Para Mitch Albom, essa pessoa foi Morrie Schwartz, seu professor na universidade. Vinte anos depois, eles se reencontraram quando o velho mestre estava à beira da morte. Durante 14 encontros, eles trataram de temas fundamentais para a felicidade e a realização humana. Através das ágeis mãos de Mitch e do bondoso coração de Morrie nasceu *A última grande lição*, que nos transmite maravilhosas reflexões sobre amor, amizade, medo, perdão e morte.

Com mais de 10 milhões de exemplares vendidos no mundo, esse livro foi o último desejo de Morrie e sua última grande lição: deixar uma profunda mensagem sobre o sentido da vida.

AS CINCO PESSOAS QUE VOCÊ ENCONTRA NO CÉU
Mitch Albom

As cinco pessoas que você encontra no céu conta a história de Eddie, mecânico de um parque de diversões que morre no dia de seu aniversário de 83 anos tentando salvar uma garotinha. Imerso numa rotina de trabalho e solidão, ele passou a vida se considerando um fracassado. Ao acordar no céu, encontra cinco personagens inesperados que lhe mostram como ele foi importante.

Esse livro foi escrito para cada um de nós, pois freqüentemente nos sentimos frustrados e inúteis – assim como Eddie – por não termos realizado nossos sonhos. Ele nos faz lembrar que vivemos numa ampla teia de ligações e que temos o poder de mudar o destino dos outros com um pequeno gesto, e nos faz descobrir a importância da lealdade e do amor em nossas vidas.

A GRANDEZA DE CADA DIA
Stephen R. Covey

Autor de *Os 7 hábitos das pessoas altamente eficazes,* Stephen R. Covey é conhecido internacionalmente por oferecer um caminho de sucesso e felicidade norteado por princípios e valores.

Admirador da *Reader's Digest,* ele reconhece nas histórias da revista o mesmo objetivo de inspirar e fazer com que cada pessoa construa uma vida significativa e um mundo melhor.

Assim nasceu a parceria que deu origem a esse livro, que combina a sabedoria de Covey com a leveza, o bom humor e a sensibilidade dos textos publicados na *Reader's.*

O PODER DA GRATIDÃO
M. J. Ryan

Você já se sentiu entusiasmado ao acordar numa manhã ensolarada de verão? Já agradeceu do fundo do coração por estar cercado de amigos? Já ficou aliviado por se livrar de uma doença ou de alguma coisa que o incomodava?

Essas são algumas das situações em que vivenciamos a verdadeira gratidão. Ser grato não significa dizer "obrigado" quando alguém nos faz um favor, mas sentir uma alegria genuína por essa pessoa existir.

Com um texto leve, recheado de ótimas histórias reais, M.J. Ryan ensina a resgatar o sentimento de gratidão para vivermos mais centrados no presente, diminuir nossa ânsia pelo consumo, criar relações sinceras e dar valor às coisas que realmente importam.

CONHEÇA OS 30 CLÁSSICOS DA EDITORA SEXTANTE

O monge e o executivo, de James C. Hunter

Você é insubstituível, *Dez leis para ser feliz*, *Pais brilhantes, professores fascinantes* e *Nunca desista de seus sonhos*, de Augusto Cury

O Código Da Vinci e *Anjos e Demônios*, de Dan Brown

Jesus, o maior psicólogo que já existiu, de Mark W. Baker

Por que os homens fazem sexo e as mulheres fazem amor?, de Allan e Barbara Pease

O que toda mulher inteligente deve saber, de Steven Carter e Julia Sokol

Muitas vidas, muitos mestres, de Brian Weiss

Enquanto o amor não vem, de Iyanla Vanzant

Não leve a vida tão a sério, de Hugh Prather

A última grande lição e *As cinco pessoas que você encontra no céu*, de Mitch Albom

Um dia "daqueles" e *Querida mamãe, obrigado por tudo*, de Bradley Trevor Greive

Palavras de sabedoria, de Sua Santidade, o Dalai-Lama

A vida é bela, de Dominique Glocheux

1.000 lugares para conhecer antes de morrer, de Patrícia Schultz

Transformando suor em ouro, de Bernardinho

Os segredos da mente milionária, de T. Harv Eker

Mantenha o seu cérebro vivo, de Lawrence Katz e Manning Rubin

O Poder do Agora, de Eckhart Tolle

O poder da paciência, de M. J. Ryan

Aprendendo a gostar de si mesmo, de Louise Hay

A arte da meditação, de Daniel Goleman

A Boa Sorte, de Álex Rovira Celma e Fernando Trías de Bes

O ócio criativo, de Domenico De Masi

A dieta do abdômen, de David Zinczencko e Ted Spiker

INFORMAÇÕES SOBRE OS PRÓXIMOS LANÇAMENTOS

Para receber informações sobre
os lançamentos da EDITORA SEXTANTE,
basta cadastrar-se diretamente no site
www.sextante.com.br

Para saber mais sobre nossos títulos e autores,
e enviar seus comentários sobre este livro,
visite o nosso site www.sextante.com.br
ou mande um e-mail para
atendimento@esextante.com.br

EDITORA SEXTANTE

Rua Voluntários da Pátria, 45 / 1.404 – Botafogo
Rio de Janeiro – RJ – 22270-000 – Brasil
Telefone (21) 2286-9944 – Fax (21) 2286-9244
E-mail: atendimento@esextante.com.br